まとめて作ってすぐラクごはん♪

つくりおき
幼児食

①歳半〜⑤歳

料理家・管理栄養士　新谷友里江

西東社

はじめに

小さな子どもを育てていると、毎日バタバタですよね。
私も6歳と2歳のふたりの子どもがいます。
バタバタのなかで栄養を考えた夕食を作って、
でも口に合わなくてベーッと出されてしまったりして、
むなしい気持ちになる日もありました。

この本は、そんなふうに毎日いそがしくしながら、
がんばっているお母さん・お父さんに向けて作りました。
つくりおきは、保存している間に
どんどん味が濃くなっていくイメージがありますが、
まだまだ塩分は控えたい子どものために、
薄味だけど日持ちのするレシピを提案しています。
そしてなにより大事なことですが、どれもおいしく、
「子どもが食べてくれる」味になるよう考えています。

この本が、みなさんのつくりおきライフの充実と、
いそがしいながらも楽しい毎日の一助となりますように!

新谷友里江

この本の使い方

レシピの分量

大人と子どもで同じものを食べて作る手間を減らそう、というのが本書の提案です。ですので、レシピの分量はすべて「大人2人分＋子ども1人分」になっています。冷蔵つくりおきは1食分、冷凍つくりおきは2食分のレシピです。

レシピの掲載方法

本書では、幼児食を1歳半～2歳と3歳～5歳のふたつの時期に分けました。それぞれの時期の成長・味覚に応じたレシピを、主菜・副菜・主食・汁物の順に掲載しています。冷蔵つくりおきに向くレシピと、冷凍つくりおきに向くレシピも分けて紹介しています。

日持ち

冷蔵つくりおきの保存期間はすべて3日間、冷凍つくりおきの保存期間はすべて2週間です。作った日を1日目としてカウントします。

調理時間

調理時間の目安と、メインで使用する調理器具をアイコン表示しています。調理器具はフライパン、鍋、電子レンジ、グリル（トースター）、ボウル、炊飯器の6種類です。

本書のルール

- ✓ 本書のレシピは食物アレルギーがないお子さんを対象にしています。はじめての食材は必ず少量から与え、様子をみてください。

- ✓ 分量の大さじ1は15mℓ、小さじ1は5mℓ、1カップは200mℓです。

- ✓ 調理時間は目安として参考にしてください。

- ✓ とくに表記がない場合は、種をとる、ヘタをとる、皮をむくなどの下処理を行ってください。

- ✓ しょうゆは濃い口しょうゆを使用しています。みそはお好みのものをご使用ください。

- ✓ 「少々」とは、親指と人さし指の先でつまむくらいです。「適量」は、好みに合わせて適した量に調節してください。

- ✓ 電子レンジの加熱時間は、600Wの場合で計算しています。500Wの場合は時間を1.2倍にしてください。

- ✓ オーブントースターの加熱時間は1000Wで計算しています。機種によって多少異なる場合がありますので、ご了承ください。1000Wより低い場合は加熱時間を長めに、高い場合は短めに設定してください。

- ✓ グリルの加熱時間は片面焼きのものを基本としています。両面焼きの場合は、加熱時間を短めに設定してください。

- ✓ フライパンはフッ素樹脂加工のものを使用しています。

もくじ

幼児食のきほん

幼児食ってそもそもどういうもの？ ……… 10
幼児食の栄養と献立 ……… 12
まだまだ気をつけたい食べものリスト ……… 14

つくりおきのお約束

つくりおきで、時間を有効活用！ ……… 16
冷蔵・冷凍を上手に使い分け ……… 18
つくりおきの保存容器 ……… 22
ライフスタイルに合わせてつくりおき！ ……… 24

1歳半〜2歳のレシピ

主菜	副菜	主食	汁物
冷蔵 ……… 30	冷蔵 ……… 48	冷凍 ……… 60	冷蔵 ……… 64
冷凍 ……… 40	冷凍 ……… 58		冷凍 ……… 68

一瞬でできあがり！ ほぼ作らない1品レシピ ……… 70
ストックしておくと役立つ 野菜の冷凍保存術 ……… 72
1歳半〜2歳 幼児食の「困った！」を解決Q&A ……… 76

3歳〜5歳のレシピ

主菜	副菜	主食	汁物
冷蔵 ……… 80	冷蔵 ……… 98	冷凍 ……… 110	冷蔵 ……… 114
冷凍 ……… 90	冷凍 ……… 108		冷凍 ……… 118

またこれ？と言わせない！ アレンジアイデア ……… 120
もうひと味ほしいときの 大人のための味変たれ ……… 124
3歳〜5歳 幼児食の「困った！」を解決Q&A ……… 126

INDEX

※レシピ名の下に主材料を記しています

1歳半〜2歳

主菜（冷蔵）

 →P.31
鶏もも肉とキャベツのみそ煮
鶏肉／キャベツ／えのき

 →P.31
メカジキの中華マリネ
メカジキ／いんげん／れんこん

 →P.30
メカジキとキャベツののり塩バター炒め
メカジキ／キャベツ／にんじん

 →P.30
鮭の焼き浸し
鮭／ブロッコリー

 →P.33
肉じゃが
牛肉／玉ねぎ／にんじん／じゃがいも

 →P.33
豚肉とさつまいもの甘辛煮
豚肉／さつまいも／いんげん

 →P.33
豚肉となすのみそ炒め
豚肉／なす／しめじ

 →P.32
豚肉とキャベツの中華煮
豚肉／キャベツ／大豆

 →P.32
豚肉とブロッコリーのおかか炒め
豚肉／ブロッコリー

 →P.32
鶏むね肉と小松菜のとろみ煮
鶏肉／小松菜

 →P.31
鶏むね肉の甘酢和え
鶏肉

 →P.36
ぶりと大根の塩煮
ぶり／大根

 →P.35
ミートボールとキャベツのスープ煮
豚肉／キャベツ

 →P.35
春雨のねぎみそ炒め
春雨／豚肉／長ねぎ

 →P.35
鶏ひき肉と豆腐の和風麻婆
鶏肉／豆腐／長ねぎ／ニラ

 →P.34
ゆでキャベツの牛肉あん
牛肉／キャベツ／玉ねぎ

 →P.34
きのこの肉豆腐
牛肉／えのき／豆腐／長ねぎ

 →P.34
牛肉とかぼちゃのバター炒め
牛肉／かぼちゃ

 →P.38
厚揚げとほうれん草のミートソース煮
厚揚げ／ほうれん草／トマト缶

 →P.38
高野豆腐の肉詰め煮
高野豆腐／鶏肉／長ねぎ

 →P.37
さばとブロッコリーの和風オムレツ
さば／ブロッコリー／卵／長ねぎ

 →P.37
厚揚げの豚肉巻きレンジ蒸し
厚揚げ／豚肉／長ねぎ

 →P.37
豆腐チャンプルー
豆腐／卵／にんじん／しいたけ／もやし

 →P.36
豚肉とかぶのオイスター炒め
豚肉／かぶ

 →P.36
鶏もも肉のねぎ塩炒め
鶏肉／長ねぎ

主菜（冷凍）

 →P.40
鮭のトマト煮
鮭／ブロッコリー／しめじ／トマト缶

 →P.40
メカジキの煮つけ
メカジキ／長ねぎ

 →P.39
豚肉とかぼちゃのケチャップ炒め
豚肉／かぼちゃ／いんげん

 →P.39
ささみとアスパラのオイスター炒め
鶏肉／アスパラガス／玉ねぎ

 →P.39
ぶりのみぞれ煮
ぶり／かぶ

 →P.38
メカジキの野菜あんかけ
メカジキ／にんじん／枝豆

 →P.43
豚肉の野菜巻きとんかつ
豚肉／にんじん／いんげん

 →P.42
鶏肉と白菜のコーンクリーム煮
鶏肉／白菜／しめじ

 →P.42
れんこんつくね
鶏肉／れんこん

 →P.42
ささみのごまから揚げ
鶏肉

 →P.41
鶏むね肉のチーズフライ
鶏肉

 →P.41
カツオの磯辺焼き
カツオ

 →P.41
さばのみそ煮
さば

 →P.45
鶏肉のオイスター照り焼き
鶏肉

 →P.45
はんぺんのふわふわバーグ
はんぺん／鶏肉／コーン

 →P.44
ワンタン
鶏肉／きゅうり

 →P.44
チキンナゲット
鶏肉／玉ねぎ

 →P.44
煮込みハンバーグ
合い挽き肉／玉ねぎ

 →P.43
シュウマイ
豚肉／玉ねぎ／しいたけ

 →P.43
えのきのみそつくね
豚肉／えのき

 →P.47
鶏肉とかぼちゃのシチュー
鶏肉／玉ねぎ／かぼちゃ／いんげん

 →P.47
鮭バーグ
鮭／玉ねぎ

 →P.47
ミートボール
合い挽き肉／玉ねぎ

 →P.46
ささみのごまマヨ焼き
鶏肉

 →P.46
鶏つくねとチンゲン菜のクリーム煮
鶏肉／チンゲン菜／牛乳

 →P.46
メカジキの照り焼き
メカジキ

 →P.45
鮭の和風ピカタ
鮭／卵

副菜（冷蔵）

 →P.50
ちくわと小松菜の煮浸し
ちくわ／小松菜

 →P.49
ブロッコリーのごま和え
ブロッコリー

 →P.49
キャベツとアスパラのバター蒸し
キャベツ／アスパラガス

 →P.49
きゅうりとキャベツのゆかり和え
きゅうり／キャベツ

 →P.48
ほうれん草の白和え
ほうれん草／豆腐

→P.48
さつまいものきんぴら
さつまいも

→ P.52	→ P.52	→ P.51	→ P.51	→ P.51	→ P.50	→ P.50
長いもと わかめのだし煮 長いも／わかめ	白菜とにんじんの コールスロー 白菜／にんじん	しらすとしいたけの 卵焼き しらす干し／しいたけ／卵	大豆とさつまいもの 甘みそ炒め さつまいも／大豆	じゃがいもとしらすの さっぱりサラダ じゃがいも／しらす干し／セロリ	かぼちゃサラダ かぼちゃ／枝豆	キャベツとコーンの 塩昆布和え キャベツ／コーン
→ P.54	→ P.54	→ P.54	→ P.53	→ P.53	→ P.53	→ P.52
ハムとかぶのスープ煮 ハム／かぶ	大根とパプリカの レモンマリネ 大根／パプリカ	チーズいももち じゃがいも／チーズ	かぶの梅おかか炒め かぶ	切干大根ときゅうりの 酢のもの 切干大根／きゅうり	ピーマンとしめじの ごま炒め ピーマン／しめじ	かぼちゃのチーズ焼き かぼちゃ
→ P.57	→ P.56	→ P.56	→ P.56	→ P.55	→ P.55	→ P.55
じゃがいもとツナの カレー炒め じゃがいも／ツナ	にんじんと桜えびの おかか炒め にんじん／桜えび	ブロッコリーの のりチーズ和え ブロッコリー／のり	ミニトマトのきな粉和え ミニトマト／きな粉	オクラと大豆の ポン酢しょうゆ和え オクラ／大豆	かぼちゃのミルク煮 かぼちゃ／牛乳	ブロッコリーの 卵サラダ ブロッコリー／卵
→ P.59	→ P.59	→ P.58	→ P.58		→ P.57	→ P.57
ツナと白菜のさっと煮 ツナ／白菜	にんじんチヂミ にんじん	きのこのさっと煮 しめじ／しいたけ／えのき	かぼちゃの塩バター煮 かぼちゃ	**副菜** （冷凍）	かぶのそぼろ煮 かぶ／鶏肉	なすと油揚げの さっと煮 なす／油揚げ
→ P.61	→ P.61	→ P.61	→ P.60	→ P.60		→ P.59
親子丼 鶏肉／卵／玉ねぎ／小松菜	中華丼 豚肉／白菜／にんじん／しいたけ	鮭そぼろ サーモン	合い挽き肉と小松菜の 混ぜごはん 合い挽き肉／小松菜	鶏そぼろ 鶏肉／いんげん	**主食** （冷凍）	しらすと小松菜の チヂミ しらす干し／小松菜
	→ P.63	→ P.63	→ P.63	→ P.62	→ P.62	→ P.62
汁物 （冷蔵）	マカロニグラタン 鶏肉／玉ねぎ／ブロッコリー／マカロニ	お好み焼き キャベツ／豚肉	豚肉とねぎの 卵チャーハン 豚肉／卵／長ねぎ	桜えびともやしの 焼きそば 豚肉／焼きそばめん	鶏肉とにんじんの 炊き込みチキンライス 鶏肉／にんじん／枝豆	ハヤシライス 牛肉／玉ねぎ／しめじ
→ P.66	→ P.66	→ P.65	→ P.65	→ P.65	→ P.64	→ P.64

ワンタンスープ 長ねぎ／しいたけ／もやし	厚揚げと里いもの 和風スープ 厚揚げ／里いも／大根	わかめと長いもの 中華スープ わかめ／長いも／にんじん	くずし豆腐となめこの とろみスープ 豆腐／なめこ／オクラ	はんぺんと小松菜の スープ はんぺん／小松菜	さつまいもと切干大根 の中華スープ さつまいも／切干大根	けんちん汁 大根／にんじん／しいたけ／ごぼう
→ P.68	→ P.68		→ P.67	→ P.67	→ P.67	→ P.66

オニオンスープ ハム／玉ねぎ	コーンスープ コーンクリーム缶	**汁物** （冷凍）	鮭と大根の塩スープ 鮭／大根	ちくわとかぶの のりスープ ちくわ／かぶ／のり	アスパラと玉ねぎ、 にんじんのスープ アスパラガス／玉ねぎ／にんじん	とろとろ白菜の 卵スープ 白菜／いんげん／卵
				→ P.69	→ P.69	→ P.69
				にんじんのポタージュ にんじん／玉ねぎ	ツナとなすの トマトスープ ツナ／なす／玉ねぎ	じゃがいもの みそポタージュ じゃがいも／長ねぎ

③歳~⑤歳

主菜（冷蔵）

→P.81
メカジキとかぼちゃの
カレーチーズ炒め
メカジキ / かぼちゃ

→P.81
鮭とじゃがいもの塩煮
鮭 / じゃがいも / 玉ねぎ

→P.80
たらのハニーマヨ和え
たら

→P.80
ソーセージとかぶのポトフ
ソーセージ / かぶ / にんじん / ブロッコリー

→P.83
チャプチェ
牛肉 / 春雨 / にんじん / ピーマン

→P.83
牛肉とほうれん草の
甘辛炒め
牛肉 / ほうれん草 / 大豆

→P.83
豚肉の豆腐巻き
角煮風
豚肉 / 豆腐 / かぶ

→P.82
豚肉と小松菜の
ポン酢しょうゆ和え
豚肉 / 小松菜

→P.82
鶏肉とにんじんの
おろし煮
鶏肉 / にんじん / 大根

→P.82
手羽元と大根の
さっぱり煮
鶏肉 / 大根

→P.81
たらの南蛮漬け
たら / にんじん / 玉ねぎ

→P.86
豆腐ハンバーグ
豆腐 / 鶏肉 / 玉ねぎ

→P.85
豚肉の甘酢炒め
豚肉 / れんこん / にんじん

→P.85
豚肉と白菜の
とろみ炒め
豚肉 / 白菜

→P.85
ささみと豆腐の
ねぎ塩炒め
鶏肉 / 豆腐 / 長ねぎ / ピーマン

→P.84
厚揚げとアスパラ、
しいたけのみそ炒め
厚揚げ / アスパラガス / しいたけ

→P.84
鶏肉とパプリカの
オムレツ
鶏肉 / パプリカ / 卵 / ピーマン

→P.84
高野豆腐の
そぼろあんかけ
高野豆腐 / 鶏肉

→P.88
豚肉と白菜の梅煮
豚肉 / 白菜

→P.88
鮭とチンゲン菜の
豆乳みそ煮
鮭 / チンゲン菜 / 玉ねぎ / 豆乳

→P.87
牛肉と大根のすき煮
牛肉 / 大根

→P.87
豚肉としいたけ、
にんじんのオイスター煮
豚肉 / しいたけ / にんじん

→P.87
ささみとブロッコリーの
オイスター炒め
鶏肉 / ブロッコリー / 長ねぎ

→P.86
なすのはさみ焼き
なす / 豚肉 / 玉ねぎ

→P.86
蒸し鶏とキャベツの
レモンしょうゆ和え
鶏肉 / キャベツ

主菜（冷凍）

→P.90
鮭のアーモンドフライ
鮭 / アーモンド

→P.90
手羽元と里いもの
煮もの
鶏肉 / 里いも

→P.89
たらとコーンの
ケチャップ炒め
たら / コーン / パプリカ

→P.89
牛肉とにんじんの
さっぱり炒め
牛肉 / にんじん

→P.89
さばとピーマンの甘辛
炒め
さば / ピーマン

→P.88
牛肉となすの
ケチャップチーズ蒸し
牛肉 / なす / 玉ねぎ

→P.93
ささみとアスパラの
のり巻き天ぷら
鶏肉 / アスパラガス / のり

→P.92
鶏肉の柚香焼き
鶏肉

→P.92
あじのさんが焼き
あじ / 長ねぎ / いんげん

→P.92
ぶりのパン粉焼き
ぶり

→P.91
さばのカレー竜田揚げ
さば

→P.91
いわしの
中華風照り焼き
いわし

→P.91
ブロッコリーの肉巻き
豚肉 / ブロッコリー

→P.95
いわしのピザ風
いわし / ピーマン / 玉ねぎ / コーン

→P.95
豚肉の甘辛揚げ
豚肉

→P.94
アスパラの肉巻き
豚肉 / アスパラガス

→P.94
鶏肉のレモンマリネ
ソテー
鶏肉 / 玉ねぎ

→P.94
バーベキューチキン
鶏肉

→P.93
鶏肉の唐揚げ
鶏肉

→P.93
豚肉のれんこん巻き
ピカタ
豚肉 / れんこん / 卵

→P.97
お好み焼きバーグ
合い挽き肉 / キャベツ

→P.97
餃子
豚肉 / キャベツ / ニラ

→P.97
かぼちゃといんげんの
ロールチキン
かぼちゃ / いんげん / 鶏肉

→P.96
メカジキの
ごまみそ焼き
メカジキ

→P.96
ポークジンジャー
豚肉 / しょうが / りんご

→P.96
里いもと豚肉の
和風グラタン
豚肉 / 里いも / 長ねぎ

→P.95
いわしのみそ煮
いわし

副菜（冷蔵）

→P.100
大根とにんじんの
甘酢和え
大根 / にんじん

→P.99
きゅうりのしょうゆ漬け
きゅうり

→P.99
ブロッコリーとコーンの
ポテトサラダ
ブロッコリー / コーン / じゃがいも

→P.99
ミニトマトのだし浸し
ミニトマト

→P.98
じゃがいもの
青のり炒め
じゃがいも

→P.98
ほうれん草の
ごまみそ和え
ほうれん草

→ P.102	→ P.102	→ P.101	→ P.101	→ P.101	→ P.100	→ P.100
セロリののり和え	キャベツと油揚げの卵とじ	ツナとじゃがいものパリパリワンタン	ひじきともやしの中華サラダ	オクラのお浸し	甘辛こんにゃく	和風ピクルス
セロリ	キャベツ/油揚げ/卵	ツナ/じゃがいも	ひじき/もやし/パプリカ	オクラ	こんにゃく	かぶ/ブロッコリー/パプリカ
→ P.104	→ P.104	→ P.104	→ P.103	→ P.103	→ P.103	→ P.102
さつまいものママレード煮	ささみとアスパラ、にんじんのバンバンジー	蒸しなすのトマトマリネ	春菊のツナマヨ和え	春雨サラダ	かぶの塩昆布和え	トマトのにんじんドレッシング和え
さつまいも	鶏肉/アスパラガス/にんじん	なす/トマト	春菊/ツナ	春雨/きゅうり/ハム	かぶ	トマト/にんじん
→ P.107	→ P.106	→ P.106	→ P.106	→ P.105	→ P.105	→ P.105
ブロッコリーと厚揚げの梅みそ和え	マカロニサラダ	ごぼうサラダ	カリフラワーとハムのごま酢和え	もやしとチンゲン菜のナムル	小松菜のおかか和え	キャベツとわかめの酢みそ和え
ブロッコリー/厚揚げ	にんじん/マカロニ/枝豆	ごぼう/にんじん	カリフラワー/ハム	もやし/チンゲン菜	小松菜	キャベツ/わかめ
→ P.109	→ P.109	→ P.108	→ P.108		→ P.107	→ P.107
				副菜（冷凍）		
長いもの落とし焼き	パプリカのマリネ	さつまいもの天ぷら	ラタトゥイユ		白菜とえのきのマリネ	しらたきとにんじんのたらこ炒め
長いも	パプリカ	さつまいも	玉ねぎ/ズッキーニ/トマト		白菜/えのき	しらたき/にんじん/たらこ
→ P.111	→ P.111	→ P.111	→ P.110	→ P.110		→ P.109
					主食（冷凍）	
ミートソース	トマトソースペンネ	鶏五目ごはんの具	ピザトースト	ドライカレー		じゃこと小松菜のさっと炒め
合い挽き肉/セロリ/にんじん/玉ねぎ	えび/玉ねぎ/ズッキーニ/ペンネ	鶏肉/にんじん/いんげん/ごぼう	食パン/玉ねぎ/ピーマン/ハム	合い挽き肉/玉ねぎ/にんじん/ピーマン		ちりめんじゃこ/小松菜
	→ P.113	→ P.113	→ P.113	→ P.112	→ P.112	→ P.112
	豚丼	さばそぼろ	焼きおにぎり	フレンチトースト	ピラフ	チキンカレー
	豚肉/玉ねぎ/にんじん	さば	ごはん	食パン/卵	米/パプリカ/ベーコン/玉ねぎ/ピーマン	鶏肉/玉ねぎ/ほうれん草/りんご
→ P.116	→ P.115	→ P.115	→ P.115	→ P.114	→ P.114	
						汁物（冷蔵）
春雨スープ	チンゲン菜とにんじんのかきたまスープ	厚揚げと水菜のみぞれスープ	もずくとオクラのスープ	すりおろしれんこんの和風梅スープ	じゃがいもとブロッコリーの豆乳スープ	
春雨/ハム/にんじん/しめじ	チンゲン菜/にんじん/卵	厚揚げ/水菜/大根	もずく/オクラ/トマト	れんこん	じゃがいも/ブロッコリー	
	→ P.117	→ P.117	→ P.117	→ P.116	→ P.116	
	シーフードミックスとキャベツのスープ	鶏団子と大根のオイスタースープ	ウインナーとかぶのスープ	豚汁	こんにゃくとまいたけ、ほうれん草のごまスープ	
	キャベツ/シーフードミックス	鶏肉/大根/しいたけ	ウインナー/かぶ/エリンギ	豚肉/大根/にんじん/ごぼう	こんにゃく/まいたけ/ほうれん草	
	→ P.119	→ P.119	→ P.119	→ P.118	→ P.118	
						汁物（冷凍）
	かぼちゃのカレーポタージュ	ブロッコリーポタージュ	ミネストローネ	白菜とコーンのミルクチーズスープ	みそ玉	
	かぼちゃ/玉ねぎ	ブロッコリー/玉ねぎ	ベーコン/玉ねぎ/にんじん/ズッキーニ	白菜/セロリ/コーン	油揚げ/わかめ/ねぎ	

幼児食のきほん

幼児食のきほん

幼児食ってそもそもどういうもの？

離乳食後から就学前までの幼児期の食事は、子どもの体と心を育てるうえでとても大切です。まずは成長に合わせた幼児食の基本をみてみましょう。

幼児食は段階を踏み大人食へ近づけます

1歳半を過ぎて離乳食の期間が終わっても、すぐに大人と同じ食事が食べられるわけではありません。離乳食が完了する1歳半ごろから5歳までの間は、子どもの味覚や消化能力に合わせた幼児食を用意します。幼児食とひとくくりにいっても、1歳半と5歳では食べられるものが違います。本書では成長段階に合わせて、1歳半〜2歳、3〜5歳の2ステップに分けて幼児食を紹介しています。子どもの成長をみながら、じょじょに大人食に近づけていきましょう。

また、食事の内容だけでなく、成長に合わせて食事環境を整えることも大切です。1歳半〜2歳は手づかみ食べからフォークやスプーンを使った食事に移行する時期です。手でつかみやすいもの、フォークやスプーンを使って食べやすいものを用意してあげましょう。3〜5歳はおはしを使うようになってきます。おはしの使い方を教えるとともに、食事のマナーも伝えていきます。

食事は生きる源。何よりこの時期、親子で和気あいあいと食卓を囲むことが大切です。幼児期に「食事＝楽しい」と知ることで、一生はぐんと豊かになります。

幼児食の味つけのコツは？

1 基本は薄味にしつつ風味をプラス

味覚が育っていく時期なので、塩気の強い濃い味は避け、基本はだしをきかせた薄味に。そのなかでも、ゴマやのり、カレー粉などで風味をつけてバリエーションをもたせてあげると、飽きずにおいしく食べることができます。

2 新しい味や食材にも挑戦！

さまざまな味や食感を知り、食の幅を広げる時期でもあります。調味料は決まったものばかりではなく、しょうゆ、みそ、酢、砂糖などできるだけ幅広く使いましょう。食材も、「きっとこれは嫌い」と決めつけずに、新しいものをとり入れて。

3 子どもが好む味つけをとり入れよう

薄味が基本とはいえ、子どもが好む味つけにすると喜びます。ケチャップ、マヨネーズ、クリーム味やカレー味など、子どもが喜ぶ「テッパン味」もとり入れながら、料理のバリエーションを増やして味覚を広げていきましょう。

Step 1 ①歳半〜②歳

この時期は…

自分の手指を使って、食べることに慣れてくる時期です。食べものをつまむ、スプーンですくうなどもできて、自分で食べたいという意欲が高まります。遊び食べもはじまりますが、大人はイライラせずに、成長段階として見守りたいものです。

1日に必要なカロリー※

- 男子 950kcal
- 女子 900kcal

食材のかたさや大きさ

奥歯が生えてくるので多少、繊維のあるものでもすりつぶせるようになります。噛み応えを感じられるかたさや、スプーンですくえたり、フォークでさせたりする大きさを意識しましょう。

食事環境

手指が器用になるので、子ども用のスプーンやフォークを持たせます。といってもまだ食べこぼす時期なので、食事用エプロンをつけるなどして、汚れを気にせず自由に食べさせてあげて。

歯の成長

乳中切歯（前歯）と乳側切歯（糸切り歯）に続き、1歳半ごろから第1乳臼歯（奥歯）が生え、次に乳犬歯（前歯と奥歯の間の歯）、2歳半くらいから第2乳臼歯も生えてきます。

6歳　5歳　4歳　3歳　2歳　1歳半　1歳

Step 2 ③歳〜⑤歳

この時期は…

いろいろなものを食べることができるようになり、好き嫌いもはじまります。社会性が芽生えるころでもあるので、嫌いなものであっても幼稚園や保育園などの団体生活であれば食べることもあります。お話も上手になるので、食事中の会話もはずみます。

食事環境

子ども用のワンプレートでもよいのですが、少しずつ大人と同じように食器を別々にした盛りつけもとり入れて。「いただきます」「ごちそうさま」の食事マナー、お片づけも教えましょう。

歯の成長

上下の乳歯20本が生えそろう時期。咀しゃく力がつき、5歳に近づくほどたいていのものは噛みつぶして上手に食べることができます。虫歯になりやすい時期なので、歯磨きもしっかりと。

1日に必要なカロリー※

- 男子 1300kcal
- 女子 1250kcal

食材のかたさや大きさ

乳歯が生えそろってくるので少し弾力のあるもの、繊維のあるものもOKです。大人より少しやわらかめにしてあげましょう。おはしを使う練習もはじまるので、形や大きさに変化をつけて。

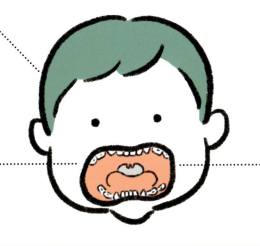

※「日本人の食事摂取基準（2025年版）」より

幼児食のきほん

幼児食の 栄養と献立

栄養のバランスが整った献立にするためには、主食となるごはん＋一汁二菜の4品をベースに考えます。ここでは、毎日の食事作りがスムーズになるコツをご紹介します。

和食の定食のような一汁二菜が基本です

子どもの成長に合わせて、栄養の偏りなく日々のメニューを考えるのは難しいものです。でも、じつは毎食栄養バランスを考える必要はありません。1日のなかで栄養バランスがとれていればOKですし、食材や味つけも1週間単位でバリエーションを考えればOKです。

どんな料理を何品作ればいいのか迷うときは、和食の定食のような献立をイメージしてみてください。定食は、基本的に一汁二菜で構成されます。「お肉やお魚料理など、メインのおかずとなる主菜」「野菜の小鉢のようなサブのおかずとなる副菜」に、「白ごはんのような主食」「おみそ汁やスープなどの汁物」を加えた4品で組み立てます。和食に限らず、洋食や中華であっても同じです。

焼く、炒める、蒸す、揚げる、和えるなど調理法で食感に変化をつけ、しょうゆ、みそ、酢、ケチャップなど味つけも工夫しながら組み立てれば、よりたくさんのレシピを作ることができます。ときには丼ものやカレー、チャーハンに1品添えるだけ、という日があってもいいでしょう。構えず楽しんで、幼児食の幅を広げていきましょう。

献立作りのポイントは？

1 大人分といっしょに作ろう

幼児食は離乳食よりぐっと大人食に近づき、食べられるものが増えます。調理の負担を減らすためにも、幼児食だけを別に作るのでなく、大人分もいっしょに作って、大人と子どもで同じものを食べることをおすすめします。

2 「和食の定食」をベースに考える

おかずを和食ではなく洋食や中華などにした場合でも、基本は一汁二菜です。一汁二菜を心がけることで、人が生きていくうえで不可欠な栄養素、炭水化物・たんぱく質・ビタミン・ミネラルを自然とバランスよくとることができます。

3 栄養は1食でなく1日単位で

バランスのよい食事は大切ですが、毎食一汁二菜を用意するのはたいへんで、作るほうも疲れてきてしまいます。栄養バランスは1食単位でなく、1日単位で考えればOK。1日3食のうちどれかが一汁二菜になればよしとしましょう。

幼児期に必要な栄養

体と脳を動かす
炭水化物

ごはんやパン、めん類などに含まれる栄養素です。体の中に入るとブドウ糖に分解され、体と脳を動かすエネルギー源になります。子どもの脳の働きと成長を支えるためにも、炭水化物はきちんととりましょう。

食品例

ごはん、パン、めん類、いも類など

体の組織を作る
たんぱく質

魚や肉などに含まれる栄養素で、筋肉や骨や髪など体を作るために欠かせないものです。動物由来の動物性たんぱく質、植物由来の植物性たんぱく質があるので、バランスよくとり入れるよう心がけましょう。

食品例

肉、魚、卵、豆類など

体の調子を整える
ビタミン・ミネラル

野菜や果物などに含まれるビタミンは免疫力を高める働きが、海藻類や青菜類などに含まれるミネラルは骨を丈夫にする働きがあります。どちらも10以上の種類があるので、さまざまな種類をとり入れて。

食品例

野菜、果物、海藻、きのこなど

一汁二菜の献立例

❶ 主菜

魚や肉などたんぱく質がとれる、メインのおかず。野菜も組み合わせると彩りよく、栄養バランスもアップ。

❷ 副菜

野菜や海藻類を使った、サブとなる小さめおかず。ビタミン・ミネラルをとって、体の調子を整えましょう。

❸ 主食

ごはんやパンなどの炭水化物。ときにはカレーライスや丼ものにして、主菜と主食をひと皿にまとめてしまってもよいでしょう。

❹ 汁物

水分補給と、主菜や副菜で足りない栄養をサポートします。料理の品数を減らしたいときは、野菜をたっぷり入れて副菜の代わりにしても。

まだまだ気をつけたい食べものリスト

成長とともに食べられるものは増えてきますが、発達途上の体には負担が大きいものもあります。
✕は避けたい食品、△は注意が必要な食品、○は食べさせて問題ない食品です。

ごはん・パン・めん

食品名	1歳半〜2歳	3歳〜5歳	
玄米	✕	△	白米より消化吸収に時間がかかるので、やわらかく炊くか五分づきなどを選んで。
赤飯	△	○	もち米は弾力があるので、奥歯が生えてから。やわらかくしましょう。
おもち	✕	△	のどに詰まる危険性があるので、食べさせるなら3歳以降、小さくちぎってから。
そば	△	○	強い食物アレルギーの症状が出る可能性もあるので、最初は少量で様子をみます。
ベーグル	✕	△	かなり弾力のある生地なので、噛む力が必要。かみ合わせがしっかりしてからならOK。

肉・魚・肉加工品

食品名	1歳半〜2歳	3歳〜5歳	
貝類	△	○	加熱して細かく刻めば1歳半からOK。2歳までは、ほたての生食は避けます。
生卵	✕	△	細菌感染の恐れがあるので、生は避けて加熱を。生を食べるなら3歳以降に。
油揚げ	△	○	噛み切れないので1歳代なら小さく刻みます。使用前には湯で油抜きを。
えび・かに	○	○	食物アレルギーの症状が出る可能性もあるので、最初は少量で様子をみます。
たこ・いか	△	○	弾力があり噛み切れないので、奥歯が生えてから。小さく刻んで食べさせます。
魚卵（いくら、たらこ）	△	△	塩分が多く、添加物も多いので積極的に食べさせなくていいでしょう。
刺身	△	△	鮮度がよく、やわらかいものなら2歳代からOK。
干物	△	△	塩分が多いので、積極的に食べさせなくていいでしょう。
かす漬け	✕	✕	塩分が多くアルコール分を含むので、食べさせるなら6歳以降に。
かまぼこ	△	○	塩分控えめで、添加物が少ないものなら2歳あたりからOK。
ちくわ	○	○	弾力、塩分、添加物ともに強いので、食べさせるなら少量を。
ハム・ソーセージ	○	○	塩分控えめで、添加物が少ないものならOK。
ベーコン	△	○	スープのだしとして使うなら1歳半からOK。塩分控えめで、添加物が少ないものを。

野菜・海藻

食品名	1歳半〜2歳	3歳〜5歳	
こんにゃく	△	〇	噛まずに飲み込むと危険なので、奥歯が生えてから。小さく切って食べやすくします。
生野菜	△	〇	奥歯が生える前は、繊維をすりつぶせないのでゆでてやわらかくしましょう。
たけのこ	△	〇	2歳以降に、繊維が少ない穂先などを細かく刻んで食べさせます。
しょうが	△	△	刺激や匂いが強いので、2歳以降に。料理の風味や香りづけに少量を使います。
にんにく	△	△	刺激や匂いが強いので、2歳以降に。料理の風味や香りづけに少量を使います。
干ししいたけ	△	〇	繊維が多く噛み切れないので、奥歯がそろってから。戻し汁は1歳代からOK。
味つけのり	△	△	塩分や化学調味料が多いので、乳幼児には不向き。普通ののりを使いましょう。
漬物	△	△	塩分が多いので、積極的に食べさせなくていいでしょう。
キムチ	×	△	塩分が多く刺激が強いので、積極的に食べさせなくても。食べさせるときはよく水洗いを。
ピーナッツ	△	〇	表面がつるんとしてのどに詰まらせる恐れがあるので、3歳までは砕いたり、すったものを。

飲みもの

食品名	1歳半〜2歳	3歳〜5歳	
ウーロン茶	△	△	カフェインを含むので水で薄めて、少量から飲ませましょう。
緑茶	△	△	カフェインを含むので水で薄めて、少量から飲ませましょう。
ココア	×	△	微量のカフェインを含むので、3歳を過ぎても少量で。砂糖を多く含むものは避けましょう。
コーヒー	×	×	睡眠を阻害するカフェインを含むので、乳幼児には必要ありません。
コーヒー牛乳	×	△	微量のカフェインを含み糖分も多いので、乳幼児には不向きです。
乳酸菌飲料	×	△	糖分、乳脂肪分ともに多いので、乳幼児には不向きです。カルシウム補給には牛乳を。
炭酸飲料	×	×	炭酸の刺激が強く、糖分や酸味料などを含むので乳幼児には必要ありません。
栄養ドリンク	×	×	カフェイン、糖分や酸味料ほか添加物を含むものが多いので、乳幼児には必要ありません。
飲むヨーグルト	×	△	糖分が多いので、乳幼児には不向きです。3歳過ぎに少量ならOK。

調味料

食品名	1歳半〜2歳	3歳〜5歳	
こしょう	△	△	料理の味を調える程度の白こしょうならOK。刺激が強いので量に気をつけましょう。
練りがらし	×	×	辛みと刺激があり、チューブタイプは添加物も入っているので乳幼児には不向き。
わさび	×	×	辛みと刺激があり、チューブタイプは添加物も入っているので乳幼児には不向き。
豆板醤	×	×	辛みと刺激があるので、乳幼児には不向き。
ゆずこしょう	×	×	塩気と唐辛子の刺激があります。汁物や手作りドレッシングなどに香りづけ程度なら可。

つくりおきのお約束
つくりおきで、時間を有効活用！

日々いそがしく、平日なかなか料理の時間がとれないと悩んでいるお母さん＆お父さんに、ぜひとり入れてもらいたいのがつくりおき。貴重な時間を有効活用しましょう。

つくりおきにはメリットがいっぱい！

つくりおきの最大のメリットは、「作ってすぐに食べなくてもいい」こと。食事時間に合わせて料理しなくてもよく、自分の好きなタイミングで作ることができます。また、つくりおきを用意しておくことで「毎日ごはんを作らなくちゃ」という焦りが解消され、心に余裕が生まれるのも嬉しいメリットです。

1 作るタイミングを自由に選べる

つくりおきに「絶対にこの時間に作らなくてはいけない」という制約はありません。休日はもちろん、平日の朝や子どもが寝た後など、自分の都合に合わせて料理することができます。

2 作ってすぐに食べなくてもおいしい

料理は作りたてがいちばんおいしい！ というイメージがありますが、時間をおくからこそ味がなじんでおいしくなるものや、冷凍しても変わらずにおいしいものがあります。本書ではそんなレシピを数多く紹介しています。

3 子どもと触れ合う時間ができる

つくりおきを用意しておけば、いつもはバタバタといそがしい夕方でも、少し落ち着いてすごすことができるでしょう。子どもと会話を楽しみながら食事ができたり、いっしょに遊ぶ時間がとれたり、ゆっくりと触れ合う時間をとることができます。

上手なつくりおきのとり入れ方

わが家のライフスタイルに合わせて、つくりおき

ひと口に「つくりおきする」といっても、1週間分すべてを休日につくりおきたい人、休日は子どもとゆっくり遊びたいので、平日の子どもが寝た後に何品かつくりおきたい人などさまざまです。それぞれの家のスタイルや使い勝手に合わせて、つくりおきをとり入れましょう。

- ✓ **1週間分**いっぺんにつくりおきをしたい人は → **P.24**
- ✓ **週の半ば**で一度作り足したい人は → **P.26**
- ✓ **少しのつくりたし**でラクになりたい人は → **P.28**

冷蔵・冷凍どちらも使っていいとこどり！

冷蔵庫で漬け込むことで味がなじむもの、酢を使ったもの、冷凍すると食感が変わってしまうものなどは冷蔵で。たんぱく質や炭水化物メインのものや、揚げものなどは冷凍しても風味が落ちにくいので冷凍でと、冷蔵・冷凍を上手に使い分けましょう。

大人のぶんもいっしょに作って手間を減らそう

幼児食は食材も調理法もバリエーション豊かです。少し薄味ではありますが、大人が同じものを食べてまったく差し支えありません。大人のぶんもいっしょに作り、いっしょに食卓を囲みましょう。本書ではすべてのレシピを大人2人＋子ども1人の分量で紹介しています。

つくりおきのお約束
冷蔵・冷凍を上手に使い分け

つくりおきを、冷蔵・冷凍に分けて作るコツをご紹介します。
保存の方法や期間の違い、おいしく食べる方法を覚えておきましょう。

 冷蔵

冷蔵庫からすぐに食卓へ

冷蔵つくりおきは冷凍と違って温め直す時間が短く、すぐに食べられる点が利点です。野菜の和えものなどは温め直す必要もなく、冷蔵庫から出してすぐに食卓に並べられます。冷蔵庫で漬け込むことで味がなじむ料理や、水気が出やすい野菜を多く使っているものなどが、冷蔵つくりおきに向いています。

冷蔵つくりおきのメリット
- ✓ 温める時間がそれほどかからず、すぐに食べることができる。
- ✓ 水気の多い野菜も食感があまり変化せず、おいしく食べられる。
- ✓ つくりおきにすることで、味がなじんでおいしくなる。

冷蔵つくりおきのデメリット
- ✓ 冷凍にくらべると日持ちが短い。
- ✓ 味つけに気をつけないと、味がしみすぎて濃くなることも。

冷蔵に向く料理

- ✓ 漬け込んで味をなじませる料理。
- ✓ 片栗粉でとろみをつけた料理。
- ✓ 調味料に酢を使った料理。
- ✓ 水気が出やすい野菜が多く使われている料理。
- ✓ 冷凍すると食感が変わってしまう食材(いも・豆腐・こんにゃく・しらたきなど)を使った料理。

保存期間は3日

作った日を1日目として、冷蔵の場合の保存期間は3日間。たとえば、日曜日に作ったら火曜日まで保存可能です。子どもは免疫力が弱いので、大人だけが食べる場合より保存期間を短めに設定しています。

肉や、加熱調理用と書いてある食品は、必ず中までしっかりと火を通しましょう。火の通りが不十分だと、冷蔵保存中でも食中毒を起こす菌が増えるおそれがあります。

保存容器は清潔なものを用意しよう

しっかり中まで火を通すこと

料理を入れる保存容器は洗剤で洗い、汚れを落とします。ホウロウやガラス製のものは煮沸消毒するとさらに安心。洗った後や煮沸した後は、水気をしっかりふき取って。

あれもこれもとつくりおきをしていると、いつ作ったのかわからなくなりがちです。そんなうっかり防止のためにも、マスキングテープなどに日付を書いて貼っておきましょう。

忘れないように日付もペタリ

保存は冷ましてから冷蔵庫へ

保存容器に熱い料理を入れてすぐにフタをしてしまうと、フタの裏に水滴がつき、それが料理に垂れていたみの原因になります。料理はしっかり冷ましてからフタをし、冷蔵庫で保存します。

とり分けるときは清潔なはしやスプーンで

急いでいるときは保冷剤を使おう

保存容器に入れた料理を、急いで冷まして冷蔵庫に入れたいときには、容器の上下を保冷剤でサンド。容器と同じサイズか、それよりも大きめの保冷剤があると便利です。フタ裏の水滴はふきとってから冷蔵庫に入れましょう。

料理ができあがり、保存容器に移すときやとり分けるときに使うはしは、乾燥した清潔なものを。汚れたものを使うと、雑菌が繁殖するおそれがあります。

冷凍

長期間、安全に保存できる

冷凍のつくりおきは、保存期間の長さが最大のメリット。ただ、食材によっては冷凍・解凍でおいしさが損なわれるデメリットもあります。冷凍に向くものだけを冷凍し、冷蔵つくりおきと上手に組み合わせて、バラエティ豊かな食卓を実現しましょう。また、冷凍した料理をおいしく食べるために、風味を損なわない保存法や解凍法についても知っておきましょう。

冷凍つくりおきのメリット
- ✓ 長期間保存することができる。
- ✓ 冷凍すると食品の細胞が少し壊れて、味がしみやすくなる。
- ✓ トマトやきのこなどの野菜は、冷凍するとうま味がアップする。

冷凍つくりおきのデメリット
- ✓ 料理によっては食感が多少変わったり、水っぽくなったりするものもある。
- ✓ 冷蔵に比べて、温めに時間がかかる。

冷凍に向く料理

- ✓ 肉や魚などたんぱく質の食材がメインの料理。
- ✓ ごはんやパン、めんなどの炭水化物の食材がメインの料理。
- ✓ 唐揚げ、フライ、天ぷらなどの揚げもの料理。

保存期間は**2**週間

冷蔵は3日しか日持ちしませんが、冷凍なら2週間もつので、多めに作っておいて、翌週の献立に回すこともできます。こちらも冷蔵と同じく、作った日を1日目と数えてカウントしてください。

料理の味を損なわないようにするためには、なるべく急速に冷凍することが大事です。熱伝導率の高いステンレス製のバットにラップを敷いて、重ならないように並べ、冷凍速度をアップさせましょう。

ステンレス製のバットに並べ冷気をすばやく伝えよう

スープなどは保存袋に入れて横にして冷凍

スープやカレーなどの汁物は、保存袋に入れて横に寝かした状態で凍らせます。凍ったら立てて収納でき、保存容器に入れるより場所をとりません。また、平たくすることで、冷凍時間も短縮できます。

たれがついたものはラップに包み保存袋へ

たれでお互いがくっついて取り出しにくくならないよう、また空気にふれて乾燥したり酸化したりしないよう、たれをからめた料理は小分けにしてラップで包みます。さらに保存袋に入れ、空気を抜いて冷凍庫へ。

汁気のないものは保存容器にそのまま入れよう

唐揚げや春巻きなどの汁気のないものは、冷凍用の保存袋にそのままザッと入れて冷凍できます。凍らせるときは保存袋ごとバットに寝かせ、1個1個が重ならないように間をあけて凍らせるのがベスト。凍ってしまえば、くっついても重なっても問題ありません。

大人分と子ども分を分けて冷凍しても

冷凍保存の際、あらかじめ大人と子どものぶんを分けて保存しておくと、大人と子どもが時間差で食べるときなどに便利です。1人分ずつラップで包み、量に応じて名前を書いておくのもいいでしょう。

メニュー名と作った日付を書いておこう

保存袋や保存容器に入れてしまうと、パッと見では何が入っているかわかりにくくなります。せっかく作ったのにうっかり見過ごし、保存期間を過ぎてしまった！ということにならないように、冷凍する前に、見やすい位置にメニュー名と日付を記入しておきましょう。

つくりおきのお約束

つくりおきの保存容器

料理をつくりおきするときに必要な保存容器をまとめました。それぞれの特徴をおさえて、正しい保存方法をマスターしてください。また、温め直すときの注意事項も紹介します。

冷蔵・冷凍どっちもOK

保存袋
耐熱・耐冷温度を要確認！

保存容器よりも収納場所をとらず、省スペースです。冷蔵用や冷凍用、耐熱用など種類があるので確認をしましょう。マチがあるタイプは汁気があるものに向いています。

こんな料理におすすめ
唐揚げやハンバーグなどの固形物や、スープなどの液体にも向いています。そのほかカット野菜やのりなどの、乾物の保存にも便利です。

保存容器
スタッキングできるもので整理上手

深さのあるものは、煮汁やたれのある料理に適しています。密封性のあるフタのもの、フタが透明で中身が見えるもの、そのまま電子レンジで加熱できるものなどが便利です。

こんな料理におすすめ
片栗粉でとろみをつけたものや、肉じゃがなどの煮もの、野菜や肉の炒めものなど、幅広い料理に。ただし、カレーやトマト煮込みなどは、色や匂いが容器についてとれないこともあるので注意。

こんな料理におすすめ
ハンバーグや魚の切り身、ごはんやパンなど小分けに包みたいときに。野菜の冷凍保存にも重宝します。ラップだけだと空気を通して酸化するので、ラップに包み空気を抜いたら保存袋へまとめて入れます。

ラップ
乾燥を防ぎ鮮度を保つ

ラップで包むと鮮度が保てるうえに、冷蔵や冷凍時の乾燥や匂い移り、匂いモレも防げます。また、電子レンジで料理を加熱するときにふわりとかければ、フタ代わりにもなります。

冷蔵OK、冷凍NG

ガラス容器
中身が一目瞭然

酸や塩分に強く、中身がはっきり見えてわかりやすい容器です。ガラスなので冷凍には使えませんが、冷蔵のつくりおきなら、お皿としてそのまま食卓に出すこともできます。耐熱なら、電子レンジで温めも可能。

> **こんな料理におすすめ**
> カレーやミートソースなどは、プラスチック製の容器に入れると色や匂いがとれなくなってしまうので、ガラス容器向き。そのまま温めたい場合は、耐熱ガラスのものを使いましょう。

ホウロウ
料理をおいしく見せる容器

金属素材の表面に、ガラス質の釉薬を焼きつけた容器です。色や匂い移りがしにくく、見た目もオシャレ。耐久性があるので長く使えます。電子レンジで温めることはできませんが、直火、オーブン使用はOKです。

> **こんな料理におすすめ**
> 魚介類のマリネ、酢のもの、キャロットラペ、サラダ類など、温めない料理に。オーブンはOKなので、煮込みハンバーグや煮ものなどにも向いています。

温め直すときの注意点

電子レンジの加熱は短めに
冷凍のものを解凍・加熱するときは時間を短めに設定し、様子をみながら加熱を追加します。温めすぎるとパサつくなどして食感が悪くなり、風味を損ねてしまいます。

汁気のあるものは混ぜながら
汁物や汁気の多いおかずは、加熱の途中で何度か混ぜて解凍ムラを防ぎます。電子レンジだけでなくフライパンや鍋で温めるときも、熱のまわりが均一になるよう混ぜながら温めましょう。

蒸気を逃がすようラップする
電子レンジで容器や皿に入ったものを温めるときは、乾燥を防ぐために上からラップをふわりとかぶせます。料理によっては、ラップをぴっちりとかけると破裂する場合もあるので注意。

揚げものはラップなしでチン
揚げものはラップをかけずに電子レンジで温めるとカラッとします。さらにオーブントースターで軽く温めると、揚げたての食感に近くなります。

料理は回転皿のセンターに
電子レンジ加熱の場合、温めたいものは回転皿の真ん中に置きます。置く位置がかたよると、温めムラができてしまいます。

再冷凍はせず食べ切る
冷凍のつくりおきを一度解凍したり、温め直したら、再冷凍は絶対NGです。味が落ちるうえ、雑菌が繁殖するおそれもあるので避けましょう。

つくりおきのお約束
ライフスタイルに合わせてつくりおき！

平日まったく料理をする時間がない人も、日々の夕飯作りをちょっとラクにしたい人も。
ライフスタイルに合わせたつくりおき活用法をご紹介します。

パターン1　1週間分いっぺんにつくりおきをしたい

こんな人におすすめ
- 帰りが遅くて、帰宅後に料理をする時間がない
- 子どもが抱っこ抱っこで、夕方はごはんを作る時間がまったくとれない
- 帰ったらごはんがある安心感のためなら、休日の作りだめもがんばれる

作るレシピは計6〜8種類

日曜日の空いた時間に、1週間分の献立を一気に作ります。作るレシピは、合計6〜8種類。料理のスピードは人それぞれですが、大体1時間半〜2時間半ほど見ておくと間違いなさそうです。カレーやチャーハンなどおかずも兼ねた主食を1品作っておくと、いざというときに身を助けます。

週の前半は冷蔵、後半は冷凍で乗り切る

冷蔵つくりおきは日持ち3日。なので冷蔵は月火で食べきり、水曜日以降は今週作った冷凍と先週作った冷凍で過ごします。副菜を切らしたときは、一瞬で作れる「ほぼ作らない1品レシピ（P.70）」を活用！

24

1週間の献立例
（1歳半〜2歳の例）

これだけ作ります！

 冷蔵1食分 肉じゃが →P.33
 冷蔵1食分 鶏むね肉の甘酢和え →P.31
 冷凍2食分 鮭のトマト煮 →P.40
 ハヤシライス →P.62
 冷蔵2食分 キャベツとコーンの塩昆布和え →P.50
 冷凍2食分 しらすと小松菜のチヂミ →P.59
 冷蔵2食分 とろとろ白菜の卵スープ →P.66
 冷凍2食分 にんじんのポタージュ →P.69

	主菜	副菜	汁物
月	肉じゃが	キャベツとコーンの塩昆布和え	とろとろ白菜の卵スープ
火	鶏むね肉の甘酢和え	キャベツとコーンの塩昆布和え（日が経つと味がしみる！アレンジするのもあり →P.120）	とろとろ白菜の卵スープ
水	鮭のトマト煮（2食分作って1食分は翌週に）	きのこのさっと煮（先週2食分作って冷凍したものの残り）	コーンスープ
木	鶏肉のオイスター照り焼き（先週2食分作って冷凍したものの残り）	しらすと小松菜のチヂミ（2食分作って1食分は翌週に）	にんじんのポタージュ
金	ハヤシライス（主菜を兼ねた主食／2食分作って1食分は翌週に）	のりマヨきゅうり（ほぼ作らない1品レシピ／すぐできる1品を添えて）	

パターン **2**

週の半ばで一度作り足したい

こんな人に
おすすめ

- 休日に一気につくりおきするのも、平日に毎日作るのもしんどい
- 平日のどこか1回くらいなら、子どもが寝た後に料理を作る時間がとれる
- 冷凍つくりおきより、さっと保存できてさっと取り出して食べられる冷蔵つくりおきを多用したい

休日と週半ばにそれぞれ4〜5種類

休日に1週間分の料理をまとめて作るのは、どうしても時間がかかります。平日のどこかで1回、料理をする時間がとれるなら、休日と週半ばの2回に分けて料理をするのも効率的です。作るレシピは、1回につき4〜5種類が目安。火曜日の夜か、水曜日の朝につくりおきをしましょう。

全部、冷蔵でOKです

週半ばにも作り足すので、冷蔵の日持ち3日以内に食べきることができます。すべて冷蔵で作って、今週作ったものは今週食べれば、食材管理もラクになります。もちろん冷凍で2食分作って翌週のストックにしてもOK。

1週間の献立例
（1歳半〜2歳の例）

休日に作るもの

冷蔵1食分	冷蔵1食分	冷蔵1食分	冷蔵1食分	冷蔵2食分
メカジキの野菜あんかけ →P.38	春雨のねぎみそ炒め →P.35	じゃがいもとツナのカレー炒め →P.57	きゅうりとキャベツのゆかり和え →P.49	はんぺんと小松菜のスープ →P.65

週半ばに作るもの

冷蔵1食分	冷蔵2食分	冷凍1食分	冷蔵2食分	冷蔵2食分
豚肉とかぼちゃのケチャップ炒め →P.39	さばとブロッコリーの和風オムレツ →P.37	大根とパプリカのレモンマリネ →P.54	かぼちゃのミルク煮 →P.55	アスパラと玉ねぎ、にんじんのスープ →P.67

	主菜	副菜	汁物
月	 メカジキの野菜あんかけ	 じゃがいもとツナのカレー炒め	 はんぺんと小松菜のスープ
火	 春雨のねぎみそ炒め	 きゅうりとキャベツのゆかり和え	 はんぺんと小松菜のスープ
水	 豚肉とかぼちゃのケチャップ炒め	 大根とパプリカのレモンマリネ	 アスパラと玉ねぎ、にんじんのスープ
木	 さばとブロッコリーの和風オムレツ	 かぼちゃのミルク煮	 アスパラと玉ねぎ、にんじんのスープ
金	 さばとブロッコリーの和風オムレツ	かぼちゃのミルク煮	お休み または 即席スープ

火と水の間：ここで作り足し！

パターン3 毎日の料理をちょっとずつラクにしたい

こんな人におすすめ

- 日々のタスクが少しでもラクになるとうれしい
- 料理する時間はあるけど、毎日一汁二菜はきつい

必ず2食分作って使い回す

冷凍でも冷蔵でも、必ず2食分作って使い回します。いつでも、なにかのつくりおきがあるというのは、大きな安心感になるはずです。冷蔵なら3日以内に食べきります。冷凍なら2週間もつので、今週中に食べても来週に回してもOKです。

毎日少しずつ作り足していく

「平日に料理をする時間は確保できるけど、毎日一汁二菜の3品作るのはしんどい」という人も多いはずです。料理のたびに2食分作り、1食はつくりおきとして保存しておくようにしましょう。日々の料理の負担がぐっとラクになります。

1週間の献立例（1歳半〜2歳の例）

①歳半〜②歳のレシピ

主菜

1歳半〜2歳

冷蔵 日持ち3日

スピーディーに食卓に出せるのが冷蔵つくりおきの強みです。
味つけ薄め、だけどしっかりおいしい、夕ごはんの主役たちを紹介します。

鮭の焼き浸し

材料（大人2人＋子1人）×1食分
- 鮭 …… 3切れ（270g）
- ブロッコリー …… 1/2個（120g）
- 酒 …… 大さじ1
- 塩 …… 少々
- サラダ油 …… 大さじ1/2
- A
  - だし汁 …… 1カップ
  - しょうゆ、みりん …… 各大さじ1

> 冷蔵保存するとき、落としラップをかけると味がよりしみやすくなります。

作り方
1. 鮭は一口大に切り、酒、塩をふって10分ほどおき、水気をふき取る。ブロッコリーは小房に分ける。
2. 鍋でAを煮立て、保存容器にあける。
3. フライパンにサラダ油を熱し、1を焼く。焼き色がついたら裏返し、弱火にして2〜3分蒸し焼きにする。
4. 火が通ったら2に入れて漬け込む。

しっとり味がしみて栄養も満点！

調理 20分

メカジキとキャベツののり塩バター炒め

材料（大人2人＋子1人）×1食分
- メカジキ …… 3切れ（270g）
- キャベツ …… 1/6個（200g）
- にんじん …… 1/2本（80g）
- 塩 …… 少々
- サラダ油 …… 大さじ1/2
- バター …… 10g
- A
  - 酒 …… 大さじ1
  - 塩 …… 小さじ1/3
  - 青のり …… 小さじ1

作り方
1. メカジキは一口大に切って塩をふる。キャベツは2〜3cmのざく切り、にんじんは薄いいちょう切りにする。
2. フライパンにサラダ油を熱し、メカジキを焼く。火が通ったら一度取り出して、フライパンにバターを加える。
3. キャベツとにんじんを炒め、しんなりしたら2のメカジキを戻し入れ、Aを加えてさっと炒める。

子どもが大好きなのりバター味

調理 20分

メカジキの中華マリネ

材料（大人2人＋子1人）×1食分

メカジキ	3切れ(270g)
いんげん	8本(64g)
れんこん	½節(150g)
塩	少々
酒	大さじ1
サラダ油	大さじ½
A　だし汁	½カップ
しょうゆ、酢、砂糖	各大さじ1と½
ごま油	小さじ2
白ごま	大さじ1

作り方

1. メカジキは一口大に切って、塩、酒をふる。いんげんは3等分に切る。れんこんは5mm厚さに切って6等分にし、水にさらす。Aは保存容器に合わせておく。
2. フライパンにサラダ油を熱し、メカジキ、いんげん、れんこんを焼く。焼き色がついたら裏返してフタをし、弱火で火が通るまで蒸し焼きにする。
3. Aに2を入れて和える。

調理 15分

ごま風味の中華味がおいしい

鶏もも肉とキャベツのみそ煮

材料（大人2人＋子1人）×1食分

鶏もも肉	1枚(250g)
キャベツ	¼個(300g)
えのき	1袋(100g)
塩	少々
サラダ油	大さじ½
だし汁	1カップ
A　みそ、酒	各大さじ1
砂糖	小さじ2
しょうゆ	小さじ1

作り方

1. 鶏肉は一口大に切って塩をふる。キャベツは2～3cmのざく切り、えのきは根元を落とし、3等分に切る。
2. 鍋にサラダ油を熱し、鶏肉を炒める。表面に焼き色がついたらだし汁を加えて、キャベツ、えのきを入れて煮る。
3. アクを取り弱火にし、Aを加えてフタをして10分ほど煮込む。

調理 20分

野菜たっぷりボリュームおかず

鶏むね肉の甘酢和え

材料（大人2人＋子1人）×1食分

鶏むね肉	1枚(250g)
塩	少々
片栗粉	適量
A　だし汁	¼カップ
しょうゆ、砂糖、酢	各大さじ1
サラダ油	適量

作り方

1. 鶏肉は1cm厚さのそぎ切りにして塩をふり、片栗粉を薄くまぶす。
2. 保存容器にAを入れてよく混ぜる。
3. フライパンにサラダ油を高さ1cmほど入れて熱し、1を入れ片面2～3分ずつ揚げ焼きする。
4. 火が通ったらしっかり油を切って2に入れ、上下を返しながら漬け込む。

調理 15分

パサつきがちなむね肉がジューシーに！

鶏むね肉と小松菜のとろみ煮

材料（大人2人＋子1人）×1食分
- 鶏むね肉……1枚(250g)
- 小松菜……1袋(200g)
- 塩……少々
- 片栗粉……適量
- A
  - だし汁……1と½カップ
  - みりん……大さじ1
  - しょうゆ……小さじ1
  - 塩……少々

作り方
1. 鶏肉は1cm厚さのそぎ切りにして塩をふり、片栗粉を薄くまぶす。小松菜は2〜3cm長さに切る。
2. 鍋にAを入れて煮立て、鶏肉を加え2〜3分煮る。
3. 火が通ったら小松菜を加え、しんなりするまで1〜2分煮る。

> とろみメニューはつゆがこぼれず、小さい子でもきれいに食べられます。

とろみがあるやさしい和風味

調理 15分

豚肉とブロッコリーのおかか炒め

材料（大人2人＋子1人）×1食分
- 豚切り落とし肉……200g
- ブロッコリー……小1個(150g)
- 塩……少々
- 酒……大さじ1
- 水……大さじ2
- ごま油……大さじ½
- A
  - かつお節……4g
  - しょうゆ……大さじ½

作り方
1. 豚肉は小さめの一口大に切って、塩、酒をもみ込む。ブロッコリーは小房に切る。
2. フライパンにブロッコリーを入れて水をまわしかけ、フタをして火にかける。1〜2分蒸し、やわらかくなったらごま油、豚肉を加えて炒める。
3. 豚肉に火が通ったらAを加えてさっと炒める。

かつお節のうまみで食がすすむ！

調理 15分

豚肉とキャベツの中華煮

材料（大人2人＋子1人）×1食分
- 豚切り落とし肉……200g
- キャベツ……¼個(300g)
- 大豆の水煮……1缶(100g)
- A
  - 塩、こしょう……適量
  - 酒……大さじ1
- ごま油……大さじ½
- B
  - 水……1と¼カップ
  - 鶏がらスープの素、しょうゆ……各小さじ½
  - 塩……少々
- C
  - 片栗粉……大さじ½
  - 水……大さじ1

作り方
1. 豚肉は一口大に切って、Aをそれぞれもみ込む。キャベツは2〜3cmのざく切りにする。
2. フライパンにごま油を熱し、豚肉を炒める。色が変わったらキャベツを加えてさっと炒め、大豆とBを加える。煮立ったらアクを取り、弱火にしてフタをし4〜5分煮る。
3. しんなりしたら、水溶きのCを加えとろみをつける。

大豆の水煮でたんぱく質をさらにプラス！

調理 25分

1歳半〜2歳 主菜（冷蔵）

みそは焦がさず しっとりとからめて

豚肉となすのみそ炒め

材料（大人2人+子1人）×1食分

豚切り落とし肉	200g
なす	3本（240g）
しめじ	1袋（100g）
サラダ油	大さじ½
A 酒、みそ	各大さじ1
砂糖、しょうゆ	各小さじ2

炒めすぎるとみそが焦げてしまうので、最後はからめる程度に。

調理 20分

作り方

1 豚肉は食べやすい大きさに切る。なすは1cm厚さの半月切りにして水にさらす。しめじはほぐし、長いものは半分に切る。

2 フライパンにサラダ油を熱し、豚肉を炒める。

3 豚肉の色が変わったらなす、しめじを加えて炒め、しんなりしたらAを加えてさっと炒める。

子どもに人気の甘辛味

豚肉とさつまいもの甘辛煮

材料（大人2人+子1人）×1食分

豚切り落とし肉	200g
さつまいも	1本（250g）
いんげん	5本（40g）
サラダ油	大さじ½
A 水	¾カップ
しょうゆ、みりん	各大さじ1と½
砂糖	小さじ2

さつまいもは飲み込みにくいので、煮汁をからませながら食べさせましょう。

調理 20分

作り方

1 豚肉は食べやすい大きさに切る。さつまいもは小さめの乱切りにして水にさらしてから、レンジで3〜4分加熱する。いんげんは斜め切りにする。

2 鍋にサラダ油を熱し、豚肉を炒める。色が変わったらさつまいもを加えて炒め、Aを加えて煮立てる。

3 フタをして弱火でやわらかくなるまで8〜10分ほど煮る。いんげんを加えて1〜2分煮る。

定番おかずも薄味仕上げ

肉じゃが

材料（大人2人+子1人）×1食分

牛切り落とし肉	150g
玉ねぎ	½個（100g）
にんじん	½本（80g）
じゃがいも	小2個（200g）
絹さや	5枚（15g）
サラダ油	大さじ½
A だし汁	¾カップ
酒、みりん、しょうゆ	各大さじ1
砂糖	小さじ1

調理 20分

作り方

1 牛肉は一口大に切る。玉ねぎは5mm幅に切って長さを半分にする。にんじんは5mm厚さの半月切りにする。じゃがいもは1cm幅のいちょう切りにし、5分ほど水にさらす。絹さやは斜めに3等分にする。

2 鍋にサラダ油を熱し、牛肉を炒める。色が変わったら玉ねぎ、にんじん、じゃがいもを炒め、全体に油がまわったらAを加える。煮立ったら弱火にして落としぶたをし、6〜7分煮る。

3 絹さやを加えて1〜2分煮る。

牛肉とかぼちゃのバター炒め

材料（大人2人＋子1人）×1食分
- 牛切り落とし肉 …… 200g
- かぼちゃ …… 1/6個（200g）
- A
  - 塩 …… 少々
  - 酒 …… 大さじ1
  - 片栗粉 …… 小さじ1
- バター …… 10g
- B
  - しょうゆ …… 小さじ2
  - 塩 …… 小さじ1/8
  - すりごま …… 大さじ1

作り方
1. 牛肉は一口大に切り、Aをそれぞれもみ込む。かぼちゃは1cm厚さに切ってから一口大に切り、ラップをかけてレンジで1分ほど加熱する。
2. フライパンにバターを入れて熱し、牛肉を炒める。色が変わったらかぼちゃを加えてさっと炒め、Bを加えて炒め合わせる。

> 火が通りづらいかぼちゃはレンジで加熱して、時短調理！

バターの香りが食欲をそそる

調理 15分

きのこの肉豆腐

材料（大人2人＋子1人）×1食分
- 牛切り落とし肉 …… 200g
- 長ねぎ …… 1本（90g）
- えのき …… 1/2袋（50g）
- しいたけ …… 4枚（60g）
- 木綿豆腐 …… 1丁（300g）
- A
  - だし汁 …… 1カップ
  - しょうゆ、みりん …… 各大さじ1
  - 砂糖 …… 小さじ1

作り方
1. 牛肉は小さめの一口大に切る。長ねぎは斜め薄切り、えのきは根元を落として2～3cm長さ、しいたけは5mm厚さ、豆腐は一口大に切る。
2. 鍋でAを煮立て、1を加えてフタをする。火が通るまで弱火で10分ほど煮る。

だしのしみた豆腐は格別のおいしさ

調理 20分

ゆでキャベツの牛肉あん

材料（大人2人＋子1人）×1食分
- 牛切り落とし肉 …… 200g
- キャベツ …… 1/6個（250g）
- 玉ねぎ …… 1/4個（50g）
- しょうが …… 1かけ
- サラダ油 …… 大さじ1/2
- A
  - 水 …… 80ml
  - 酒 …… 大さじ1
  - しょうゆ、みりん …… 各大さじ1/2
  - 砂糖 …… 小さじ1/2
  - 塩 …… 少々
- B
  - 片栗粉 …… 小さじ1
  - 水 …… 小さじ2

作り方
1. キャベツは2～3cm角のざく切りにし、ラップをしてレンジで3～4分加熱する。しんなりしたら粗熱をとり、水気を絞る。
2. 牛肉は一口大に切る。玉ねぎは粗みじん切り、しょうがはみじん切りにする。
3. フライパンにサラダ油、しょうがを入れて弱火にかける。香りが出たら中火にし、玉ねぎ、牛肉を炒める。色が変わったらAを加えてさっと煮る。水溶きしたBを加えてとろみをつける。

> キャベツと牛肉あんは容器を分けて保存し、食べるときに合わせます。

キャベツと牛肉あんは別々に保存

調理 20分

1歳半〜2歳 主菜（冷蔵）

鶏ひき肉のヘルシー麻婆

調理 20分

鶏ひき肉と豆腐の和風麻婆

材料（大人2人＋子1人）×1食分

鶏ひき肉	100g
絹ごし豆腐	1丁(300g)
長ねぎ	10cm分(20g)
ニラ	1/3束(30g)
サラダ油	大さじ1/2
だし汁	1カップ
A しょうゆ	小さじ1/2
酒	大さじ1
塩	小さじ1/6
B 片栗粉	大さじ1/2
水	大さじ1

作り方

1 豆腐はペーパータオルに包んで耐熱容器にのせ、ラップをせずにレンジで2分加熱する。粗熱がとれたら1.5cm角に切る。長ねぎはみじん切り、ニラは2cm長さに切る。

2 フライパンにサラダ油を熱し、ひき肉を炒める。ポロポロになったら長ねぎを加えて炒め、だし汁を加える。沸騰したら豆腐、Aを加えて4〜5分煮る。

3 水溶きしたBを加えてとろみをつけ、ニラを加えてさっと煮る。

子どもが喜ぶつるつる食感

春雨のねぎみそ炒め

材料（大人2人＋子1人）×1食分

豚ひき肉	150g
春雨	50g
長ねぎ	1/2本(45g)
しょうが	1片(8g)
ごま油	大さじ1/2
塩	少々
A 水	1/4カップ
みそ、酒	各大さじ1
砂糖	大さじ1/2
鶏がらスープの素	小さじ1/2

作り方

1 しょうがはみじん切りに、春雨は湯で戻して食べやすい長さに切る。長ねぎは斜め薄切りにする。

2 フライパンにごま油を熱し、ひき肉としょうがを炒める。塩をふり、ひき肉の色が変わったら、長ねぎを加えて炒め、しんなりしたら春雨、Aを加えて水分が飛ぶまで炒める。

調理 15分

やわらかいミートボールはみんな大好き！

ミートボールとキャベツのスープ煮

材料（大人2人＋子1人）×1食分

A 豚ひき肉	200g
玉ねぎ	1/4個(50g)
卵	1/2個
パン粉	1/3カップ
塩	少々
キャベツ	1/6個(200g)
にんにく	1片(8g)
B 水	2カップ
洋風スープの素	小さじ1/2
塩	小さじ1/4
ミックスビーンズ	1袋(55g)

作り方

1 玉ねぎはみじん切りに、キャベツは2〜3cm角、にんにくは薄切りにする。

2 ボウルにAを入れて粘りが出るまでよく練り合わせ、12等分に丸めてミートボールを作る。

3 鍋にBとにんにくを入れて中火にかけ、煮立ったら2を入れてフタをし、弱火で7〜8分煮る。キャベツ、ミックスビーンズを加えてフタをしてさらに5〜6分煮る。

調理 25分

ぶりと大根の塩煮

材料（大人2人＋子1人）×1食分

ぶり	3切れ(270g)
大根	¼本(300g)
塩	少々
A 水	1カップ
酒	¼カップ
鶏がらスープの素	小さじ½
塩	小さじ⅙

作り方

1. ぶりは一口大に切って塩をふり、10分ほどおいて水気をふき取る。大根は1cm厚さのいちょう切りにして耐熱容器に並べてラップをかけ、レンジで2〜3分加熱する。
2. 鍋にAを入れて煮立て、1を入れる。
3. 弱火にし、落としぶたをして15分ほど煮る。

あっさり塩味！つくりおきで味がなじむ

調理 25分

鶏もも肉のねぎ塩炒め

材料（大人2人＋子1人）×1食分

鶏もも肉	1枚(250g)
長ねぎ	⅓本(30g)
塩	少々
酒	大さじ1
サラダ油	大さじ½
A 塩	小さじ¼
酒	大さじ1
酢	大さじ½

作り方

1. 鶏肉は白い脂身を取り除き、小さめの一口大に切って塩、酒をもみ込む。長ねぎはみじん切りにする。
2. フライパンにサラダ油を熱し、鶏肉を皮面から焼く。片面が焼けたら裏返し、弱火で火が通るまで焼く。
3. 余分な油をペーパータオルでふき取り、長ねぎを加えて炒める。しんなりしたらAをまわし入れて全体をさっと炒め合わせる。

鶏肉のうまみとねぎ塩がマッチ

調理 15分

豚肉とかぶのオイスター炒め

材料（大人2人＋子1人）×1食分

豚切り落とし肉	200g
かぶ	3個(180g)
かぶの葉	2個分(70g)
A 塩、酒	少々
片栗粉	大さじ½
サラダ油	大さじ½
B オイスターソース、酒	各大さじ½
しょうゆ	小さじ½
砂糖	小さじ¼

作り方

1. 豚肉は小さめの一口大に切り、Aをそれぞれもみ込む。かぶは皮をむき1cm厚さのいちょう切り、かぶの葉は2cm幅に切る。
2. フライパンにサラダ油を熱し、豚肉を炒める。色が変わったらかぶ、かぶの葉を加えてしんなりするまで炒める。
3. Bをまわしかけさっと炒め合わせる。

オイスターソースでコクのある1品

調理 15分

1歳半〜2歳 主菜（冷蔵）

具だくさんの満腹おかず

調理 15分

豆腐チャンプルー

材料（大人2人＋子1人）×1食分

木綿豆腐	1丁(300g)
にんじん	1/2本(80g)
しいたけ	3枚(45g)
もやし	1袋(200g)
卵	1個
ごま油	大さじ1/2
しょうゆ	大さじ1
塩	少々

作り方

1 豆腐はペーパータオルに包みレンジで2分加熱し、水を切る。にんじんは3cm長さの短冊切り、しいたけは5mm厚さに、もやしは半分に切る。

2 フライパンにごま油を熱し、豆腐を一口大にくずしながら炒める。軽く焼き目がついたら一度取り出し、野菜を入れて炒める。

3 しんなりしたら豆腐を戻し入れ、しょうゆ、塩を加えて炒め合わせる。溶き卵をまわし入れて混ぜ合わせる。

やわらかい歯ざわりで子どもに人気

食べるときに、子どもの一口大サイズに切り分けます。

調理 15分

厚揚げの豚肉巻きレンジ蒸し

材料（大人2人＋子1人）×1食分

豚ロース薄切り肉	9枚(180g)
厚揚げ	1枚(200g)
長ねぎ	1/4本(25g)
A みそ、みりん	各小さじ2

作り方

1 厚揚げは端から1cm幅に切る。長ねぎはみじん切りにし、**A**と合わせる。

2 豚肉に**A**を1/9量ずつ塗り、手前に厚揚げをのせてくるくると巻く。

3 巻き終わりを下にしてラップをふんわりかけて、レンジで2〜3分加熱する。

魚が苦手でもこれなら食べられる！

調理 20分

さばとブロッコリーの和風オムレツ

材料（大人2人＋子1人）×1食分

さばの水煮缶	1/2缶(90g)
ブロッコリー	1/3個(80g)
長ねぎ	5cm分(10g)
卵	3個
A だし汁	大さじ1と1/2
しょうゆ、みりん	各大さじ1/2
サラダ油	小さじ1

作り方

1 さば缶は汁気をきり、粗くほぐす。ブロッコリーは小さめに切り、ラップをかけてレンジで30秒加熱する。長ねぎはみじん切りにする。

2 ボウルに卵を割り入れて溶きほぐし、さば、ブロッコリー、**A**を加えて混ぜる。

3 フライパンにサラダ油を熱し、長ねぎを炒める。**2**を流し入れて全体を大きく混ぜながら半熟状にし、フタをして弱火で2〜3分蒸し焼きにする。裏返し、1〜2分蒸し焼きにする。

高野豆腐の肉詰め煮

材料（大人2人＋子1人）×1食分

高野豆腐	3個(50g)
鶏ひき肉	100g
長ねぎ	5cm分(10g)
A 塩	少々
片栗粉、酒	各小さじ1
B だし汁	1と½カップ
みりん	大さじ2
しょうゆ	小さじ2
砂糖	大さじ½
塩	少々

作り方

1. 高野豆腐は水につけて戻し、水気をしっかり絞って縦半分に切り、さらに袋状に切れ目を入れる。長ねぎはみじん切りにする。
2. ボウルにひき肉、長ねぎ、**A**を入れてよく練り混ぜる。6等分にし、高野豆腐に詰める。
3. 鍋で**B**を煮立て、**2**を入れる。落としぶたをして弱火にし、7～8分煮る。

調理 25分

食べ応えたっぷりのヘルシーおかず

厚揚げとほうれん草のミートソース煮

材料（大人2人＋子1人）×1食分

厚揚げ	1枚(200g)
合い挽き肉	100g
ほうれん草	½袋(100g)
玉ねぎ	½個(100g)
にんにく	1片(8g)
オリーブ油	大さじ½
A トマト缶	½缶(200g)
水	½カップ
ケチャップ	大さじ1
砂糖	小さじ1
粉チーズ	小さじ2
塩	少々

作り方

1. 厚揚げは横3等分に切ってから1cm幅に切る。ほうれん草は3cm長さに切ってレンジで2分加熱し水にさらす。玉ねぎとにんにくはみじん切りにする。
2. フライパンにオリーブ油とにんにくを入れ、弱火にかける。にんにくの香りが出たらひき肉と玉ねぎを入れ、中火で炒める。
3. ひき肉がポロポロになったら**A**を加え、厚揚げ、ほうれん草を加えて3～4分煮る。粉チーズ、塩を加えて味をととのえる。

調理 25分

子どもの好きなミートソース味

メカジキの野菜あんかけ

材料（大人2人＋子1人）×1食分

メカジキ	3切れ(270g)
にんじん	⅓本(50g)
枝豆(さやつき)	60g
塩	少々
酒	大さじ1
サラダ油	大さじ½
A だし汁	1カップ
しょうゆ、みりん	各小さじ2
塩	少々
B 片栗粉	大さじ½
水	大さじ1

作り方

1. メカジキは塩、酒をふる。にんじんは3cm長さの細切りにし、枝豆はさやから出す。
2. フライパンにサラダ油を熱し、メカジキを焼く。両面に焼き色がついたらにんじん、枝豆、**A**を加え、5～6分煮る。
3. 火が通ったら水溶きした**B**を加えてとろみをつける。

調理 20分

とろ～りあんかけでパサつきなし！

「かぶのみぞれは甘みがあっておすすめ！」

ぶりのみぞれ煮

材料（大人2人＋子1人）×1食分

ぶり	3切れ(270g)
かぶ	2個(120g)
かぶの葉	1個分(35g)
酒	大さじ1
塩	少々
A　だし汁	1と¼カップ
しょうゆ、みりん	各小さじ2
塩	少々

作り方

1. ぶりは酒、塩をふって10分おき、水気をふき取る。かぶはすりおろし、葉は1cm長さに切る。
2. 鍋で**A**を煮立て、ぶりを入れて7〜8分煮る。
3. 火が通ったらすりおろしたかぶと、かぶの葉を加えて1〜2分煮る。

調理 20分

「ふっくらお肉としゃきっと野菜」

ささみとアスパラのオイスター炒め

材料（大人2人＋子1人）×1食分

鶏ささみ肉	5本(250g)
アスパラガス	10本(130g)
玉ねぎ	½個(100g)
塩	少々
サラダ油	大さじ½
A　酒	大さじ1
オイスターソース	大さじ½
しょうゆ、砂糖	各小さじ½

作り方

1. ささみは筋を取り除き、一口大のそぎ切りにして塩をふる。アスパラは根元の固い部分をピーラーでむき、厚さ1cmの斜め切りにする。玉ねぎは5mm幅の薄切りにして、長さを半分に切る。
2. フライパンにサラダ油を熱し、ささみを炒める。色が変わったらアスパラと玉ねぎを加えて炒める。
3. 全体がしんなりしたら、**A**を加えてさっと炒め合わせる。

調理 15分

「豚肉にケチャップ味がよくからむ」

豚肉とかぼちゃのケチャップ炒め

材料（大人2人＋子1人）×1食分

豚切り落とし肉	200g
かぼちゃ	⅛個(200g)
いんげん	5本(40g)
A　塩	少々
酒	大さじ1
片栗粉	小さじ1
サラダ油	大さじ½
B　ケチャップ	大さじ2
しょうゆ、酒	各大さじ½
砂糖	小さじ1

作り方

1. 豚肉は小さめの一口大に切り、**A**をそれぞれもみ込む。かぼちゃは1cm厚さの一口大に切り、ラップをかけてレンジで2〜3分加熱する。いんげんは1cm幅の斜め切りにする。
2. フライパンにサラダ油を熱し、豚肉を炒める。色が変わったらかぼちゃといんげんを加え炒める。火が通ったら**B**をまわし入れてさっと炒め合わせる。

調理 15分

火が通りづらいかぼちゃはレンジで加熱して時短調理！

1歳半〜2歳 主菜

冷凍 日持ち2週間

肉や魚のたんぱく質食材は、冷凍してもほとんど味が変わりません。多めに作って冷凍保存しておけば、お弁当にも便利！

メカジキの煮つけ

材料（大人2人＋子1人）×2食分
- メカジキ ……… 6切れ(540g)
- 長ねぎ ……… 2本(180g)
- A
  - だし汁 ……… 2カップ
  - 酒、しょうゆ、みりん ……… 各大さじ2
  - 砂糖 ……… 大さじ1
  - しょうが薄切り ……… 6枚

煮汁もいっしょに冷凍すると、解凍しても魚がパサつきません。

作り方
1. 長ねぎは2〜3cm長さのぶつ切りにする。
2. 鍋にAを煮立て、メカジキと長ねぎを入れる。
3. アクをとって弱火にし、落としぶたをして7〜8分煮る。

調理20分

ぶりやたらで作ってもおいしい

鮭のトマト煮

材料（大人2人＋子1人）×2食分
- 鮭 ……… 6切れ(540g)
- ブロッコリー ……… 2/3個(160g)
- しめじ ……… 2袋(200g)
- 塩 ……… 少々
- 小麦粉 ……… 適量
- にんにく ……… 2片(16g)
- オリーブ油 ……… 大さじ1
- A
  - トマト缶 ……… 1缶(400g)
  - 水 ……… 160ml
  - ケチャップ ……… 大さじ2
  - 砂糖 ……… 小さじ2
  - 塩 ……… 小さじ1/4

作り方
1. 鮭は骨をとって一口大のそぎ切りにし、塩をふって小麦粉を薄くまぶす。ブロッコリーとしめじは小房に分け、長いものは半分に切る。にんにくはみじん切りにする。
2. 鍋にオリーブ油を熱し、鮭を焼く。焼き色がついたら端に寄せ、にんにくを炒める。香りが出たらA、しめじを入れ、フタをして7〜8分煮る。
3. 火が通ったらブロッコリーを加えて1〜2分煮る。

調理25分

大好きな鮭を大好きなケチャップ味で

1歳半〜2歳 主菜（冷凍）

さばのくさみが消えて食べやすい！

調理20分

さばのみそ煮

材料（大人2人＋子1人）×2食分
- さば……6切れ（540g）
- しょうが薄切り……6枚
- A 水……1と1/3カップ
- 酒……大さじ4
- みそ、みりん……各小さじ8
- 砂糖……小さじ2
- しょうゆ……小さじ1

作り方
1. さばは、さっと洗って水気をふき取る。
2. フライパンに**A**を煮立て、**1**としょうがを入れ、ときどき煮汁をかけながら10分ほど煮る。

食べるときは魚をほぐし、骨が残っていたら取り除きながら食べさせてください。

青のり風味のカツオステーキ

調理25分

カツオの磯辺焼き

材料（大人2人＋子1人）×2食分
- カツオ……1さく（400g）
- A しょうゆ……大さじ2
- 酒……小さじ1
- しょうがのすりおろし……1片分（8g）
- 片栗粉……適量
- サラダ油……大さじ1
- 青のり……小さじ2

作り方
1. カツオは1cmの薄切りにして**A**をからめ、10分ほど漬け込む。
2. **1**の汁気をきって片栗粉を薄くまぶす。
3. フライパンにサラダ油を熱し、**2**を焼く。焼き色がついたら裏返してフタをし、1〜2分蒸し焼きにする。火が通ったら青のりを加えてさっとからめる。

衣に粉チーズを混ぜるのがポイント

調理25分

鶏むね肉のチーズフライ

材料（大人2人＋子1人）×2食分
- 鶏むね肉……2枚（500g）
- 塩……小さじ1/4
- A 粉チーズ……大さじ4
- パン粉……1と1/2カップ
- 小麦粉……適量
- 卵……2個
- 揚げ油……適量

作り方
1. 鶏肉は一口大のそぎ切りにし、塩をふる。**A**は合わせておく。
2. **1**に小麦粉、溶き卵、**A**の順に衣をつける。
3. 中温に熱した油に**2**を入れ、火が通るまで3〜4分揚げる。

解凍するときはレンジで軽く温めたあと、トースターで温めるとカリッとした食感に！

ささみのごまから揚げ

材料（大人2人＋子1人）×2食分
- 鶏ささみ肉 …… 10本(500g)
- A
  - 酒 …… 大さじ2
  - 塩 …… 小さじ1
- 卵 …… 1個
- B
  - かつお節 …… 2パック(8g)
  - 片栗粉 …… 大さじ6〜8
  - 黒ごま …… 大さじ2
- 揚げ油 …… 適量

作り方
1. ささみは一口大のそぎ切りにし、ボウルに入れて**A**をふる。
2. **1**に溶き卵を入れてもみ込み、さらに**B**を加えてよくもみ込む。
3. 中温に熱した油に**2**を入れる。火が通ってカリッとするまで4〜5分揚げる。

食べるときはレンジで軽く温めた後、トースターで温めるとカラッとした仕上がりに。

香ばしいごまの風味がアクセント！

調理 20分

れんこんつくね

材料（大人2人＋子1人）×2食分
- A
  - 鶏ひき肉 …… 500g
  - 卵 …… 1個
  - 片栗粉 …… 大さじ4
  - しょうがすりおろし …… 小さじ1
  - 塩 …… 少々
- れんこん …… 100g(2/3節)
- B
  - だし汁 …… 大さじ4
  - しょうゆ、みりん …… 各小さじ4
- サラダ油 …… 大さじ1

作り方
1. れんこんはすりおろす。
2. ボウルに**A**と**1**を入れて粘りが出るまでよく練り合わせ、14等分の小判形にする。
3. フライパンにサラダ油を熱し、**2**を焼く。焼き色がついたら裏返してフタをし、3〜4分蒸し焼きにする。火が通ったら**B**をまわし入れてさっとからめる。

すりおろしれんこんでもっちり食感

調理 25分

鶏肉と白菜のコーンクリーム煮

材料（大人2人＋子1人）×2食分
- 鶏もも肉 …… 2枚(500g)
- 白菜 …… 6枚(500g)
- しめじ …… 2袋(200g)
- 塩 …… 少々
- 小麦粉 …… 適量
- サラダ油 …… 大さじ1
- A
  - コーンクリーム缶 …… 2缶(360g)
  - 牛乳 …… 1カップ
  - 塩 …… 小さじ2/3

作り方
1. 鶏肉は白い脂身を取り除き、小さめの一口大に切る。塩をふって薄く小麦粉をまぶす。白菜は縦2〜3等分に切って2cm幅に切る。しめじはほぐし、長いものは半分に切る。
2. 鍋にサラダ油を熱し、鶏肉を焼く。全体の色が変わったら白菜、しめじを加えてさっと炒め、**A**を加える。
3. フタをして弱火で8〜10分煮込む。

おかわり必須の大人気コーンクリーム味

調理 30分

1歳半〜2歳 主菜（冷凍）

「赤と緑の断面が鮮やか！」

豚肉の野菜巻きとんかつ

材料（大人2人＋子1人）×2食分

豚ロース薄切り肉	18枚（360g）
にんじん	2/3本（120g）
いんげん	18本（144g）
卵	2個
塩、小麦粉、パン粉、揚げ油	各適量

食べるときはレンジで軽く温めたあと、トースターで温めるとカラッとおいしい。仕上げに中濃ソースをかけます。

調理 30分

作り方

1. にんじんは5cm長さに切って、1cm角の棒状に切る。いんげんは半分に切る。
2. 1を耐熱容器に並べてラップをかけ、レンジで1分ほど加熱する。卵は溶きほぐす。
3. 豚肉に塩をふり、にんじんといんげんを手前にのせて巻く。小麦粉、卵、パン粉の順で衣をつけ、中温に熱した油に2を入れ、火が通るまで4〜5分揚げる。

「えのきとみそが入ってこっくり味」

えのきのみそつくね

材料（大人2人＋子1人）×2食分

A	豚ひき肉	500g
	酒、片栗粉	各大さじ2
	みそ	小さじ5
えのき		1と1/3袋（120g）
ごま油		大さじ1

調理 25分

作り方

1. えのきは1cm幅に切ってボウルに入れ、Aを入れて粘りが出るまでよく練り合わせる。24等分にして小判形にする。
2. フライパンにごま油を熱し1を焼く。焼き色がついたら裏返してフタをし、弱火で3〜4分蒸し焼きにする。

「皮を細切りにするから噛み切りやすい」

シュウマイ

材料（大人2人＋子1人）×2食分

A	豚ひき肉	400g
	酒、片栗粉	各小さじ4
	オイスターソース	小さじ1
玉ねぎ		1/2個（100g）
しいたけ		2枚（30g）
シュウマイの皮		40枚

食べるときには、しょうゆを添えます。

調理 30分

作り方

1. 玉ねぎ、しいたけはみじん切りに、シュウマイの皮は5mm幅の細切りにする。
2. ボウルにAと玉ねぎ、しいたけを入れてよく練り合わせる。24等分に丸め、シュウマイの皮をまぶす。
3. 2をひとつずつ水にさっとくぐらせて耐熱皿に並べ、ラップをかけてレンジで3〜4分加熱する。

煮込みハンバーグ

材料（大人2人＋子1人）× 2食分

- 合い挽き肉 …… 500g
- 玉ねぎ …… 1/2個(100g)
- A
  - パン粉 …… 1カップ
  - 牛乳 …… 大さじ4
  - 卵 …… 1個
  - ナツメグ …… 少々
  - 塩 …… 小さじ1/3
- サラダ油 …… 大さじ1
- B
  - 水 …… 1と1/3カップ
  - ケチャップ …… 大さじ4
  - 中濃ソース …… 大さじ2
  - 砂糖 …… 小さじ2
- バター …… 20g

作り方

1. 玉ねぎをみじん切りにしてボウルに入れ、ひき肉、Aを入れてよく練り合わせる。子ども2食分をとり分けて小さめの小判形にし、残りは4等分にして小判形にする。
2. フライパンにサラダ油を熱し1を焼く。焼き色がついたら裏返し、Bを入れてフタをして弱火で12分ほど煮込む。火が通ったらバターを入れてさっと煮る。

調理 35分

しっとり仕上がり食べやすい

チキンナゲット

材料（大人2人＋子1人）× 2食分

- A
  - 鶏ひき肉 …… 400g
  - 玉ねぎすりおろし …… 大さじ4
  - 卵 …… 1個
  - 粉チーズ …… 大さじ4
  - パン粉 …… 1/2カップ
  - 塩 …… 小さじ1/3
- 小麦粉、揚げ油 …… 各適量

作り方

1. ボウルにAを入れてよく練り合わせ、20等分にして成形し、小麦粉を薄くまぶす。
2. 中温に熱した油に1を入れ、こんがり色づくまで3〜4分揚げる。

食べるときはレンジで軽く温めた後、トースターで温めるとカリッとした食感になります。

調理 25分

子どもが大好き！粉チーズ入り

ワンタン

材料（大人2人＋子1人）× 2食分

- きゅうり …… 1と1/3本(120g)
- ワンタンの皮 …… 40枚
- 塩 …… 少々
- A
  - 鶏ひき肉 …… 200g
  - 酒、しょうがすりおろし …… 各小さじ1
  - 片栗粉 …… 小さじ2
  - 塩 …… 小さじ1/6

作り方

1. きゅうりは2〜3mm厚さの小口切りにしてからせん切りにし、塩をふって5分ほどおく。さっと洗って水気をきる。
2. ボウルに1、Aを入れてよく練り合わせ、ワンタンの皮にのせて三角に包む。

食べるときは、凍ったまま沸騰した湯に入れ、5〜6分ゆでます。火が通ったら氷水に入れて冷やし、盛りつけてポン酢しょうゆを添えましょう。

調理 20分

凍ったままお湯に入れてゆでればOK

1歳半〜2歳 主菜(冷凍)

はんぺん入りでふんわりやわらか

はんぺんのふわふわバーグ

材料(大人2人+子1人)×2食分
- はんぺん……………… 2枚(200g)
- コーン………………… 2缶(130g)
- A 鶏ひき肉…………… 240g
  - しょうが汁………… 小さじ2
  - 塩…………………… 小さじ¼
- サラダ油……………… 大さじ1
- B しょうゆ、みりん、酒
  - ………………………各小さじ2
  - 水…………………… 大さじ2

調理 25分

作り方
1. はんぺんをボウルに入れてよくつぶし、Aを入れてよく練り合わせ、コーンを混ぜる。子ども2食分をとり分け、残りは4等分してそれぞれ小判形にする。
2. フライパンにサラダ油を熱し1を焼く。焼き色がついたら裏返してフタをし、弱火で2〜3分蒸し焼きにする。
3. 火が通ったらBを加えてさっとからめる。

ひと味違うオイスター味

鶏肉のオイスター照り焼き

材料(大人2人+子1人)×2食分
- 鶏むね肉……………… 2枚(500g)
- 塩、小麦粉…………… 適量
- サラダ油……………… 大さじ1
- A 酒………………… 大さじ2
  - オイスターソース、みりん
  - ………………………各大さじ1
  - しょうゆ、砂糖……各小さじ1

調理 20分

作り方
1. 鶏肉は1cm厚さのそぎ切りにして一口大に切り、塩をふって小麦粉を薄くまぶす。
2. フライパンにサラダ油を熱し、鶏肉を焼く。焼き色がついたら裏返し、1〜2分焼く。
3. 火が通ったらAをまわし入れてさっとからめる。

青のりとごまが香ばしい一品

鮭の和風ピカタ

材料(大人2人+子1人)×2食分
- 鮭……………………… 6切れ(540g)
- 塩……………………… 小さじ⅓
- 酒……………………… 大さじ1
- 小麦粉………………… 適量
- 卵……………………… 2個
- A かつお節…………… 4g
  - 白ごま……………… 大さじ2
  - 青のり……………… 小さじ2
- バター………………… 20g

食べるときにはほぐしながら食べさせ、骨が残っていたら取り除いてください。

調理 25分

作り方
1. 鮭は皮と骨をとり除き一口大のそぎ切りにして塩、酒をふる。10分ほどおいて水気をふき取り、小麦粉を薄くまぶす。
2. 卵は溶きほぐし、Aを加えて混ぜる。
3. フライパンにバターを熱し、鮭を2にくぐらせて焼く。焼き色がついたら裏返してフタをし、弱火で2〜3分蒸し焼きにする。

メカジキの照り焼き

材料（大人2＋子1）× 2食分
- メカジキ …………… 6切れ（540g）
- 小麦粉 ……………………… 適量
- サラダ油 …………………… 大さじ1
- A
  - 玉ねぎすりおろし …… 大さじ4
  - 酒 ……………………… 大さじ2
  - しょうゆ、みりん …… 各小さじ4
  - 砂糖 …………………… 小さじ1

作り方
1. メカジキに小麦粉を薄くまぶす。
2. フライパンにサラダ油を熱し、メカジキを焼く。焼き色がついたら裏返して弱火にし、2〜3分焼く。
3. 火が通ったらAをまわし入れてさっとからめる。

調理 25分

淡白な魚は甘辛味にして食欲アップ！

鶏つくねとチンゲン菜のクリーム煮

材料（大人2人＋子1人）× 2食分
- A
  - 鶏ひき肉 ……………… 400g
  - 塩 ……………………… 小さじ1/3
  - 酒、片栗粉 …………… 各大さじ2
- 玉ねぎ ……………… 1/2個（100g）
- チンゲン菜 ………… 2袋（600g）
- サラダ油 …………………… 大さじ1
- B
  - 水 ……………………… 1カップ
  - 鶏がらスープ、砂糖 …… 各小さじ1
  - 塩 ……………………… 小さじ1/4
- 牛乳 ………………… 1と1/2カップ
- C
  - 片栗粉 ………………… 大さじ2
  - 水 ……………………… 大さじ4
- ごま油 ……………………… 小さじ1

作り方
1. 玉ねぎをみじん切りにしてボウルに入れ、Aを入れてよく練り合わせ、20等分にして丸める。チンゲン菜は2cm長さに切る。
2. 鍋にサラダ油を熱し、1を焼く。2〜3分焼き、焼き固まったらBとチンゲン菜の茎を入れてフタをし、4〜5分煮る。
3. チンゲン菜の葉と牛乳を加えてさっと煮て、水溶きしたCを加えてとろみをつける。火を止めてごま油を加える。

牛乳で作るかんたんクリームソース

調理 35分

マヨネーズでやわらか＆こっくり仕上げ

ささみのごまマヨ焼き

材料（大人2人＋子1人）× 2食分
- 鶏ささみ肉 ………… 10本（500g）
- 塩 …………………………… 小さじ1/4
- A
  - すりごま ……………… 大さじ2
  - マヨネーズ …………… 大さじ6
  - しょうゆ ……………… 小さじ1

作り方
1. ささみは筋をとり除きそぎ切りにし、塩をふる。
2. 耐熱容器にささみを並べ、混ぜておいたAを塗りグリルで6〜7分焼く。

レンジで軽く温めた後、トースターで温めるとカリッとした食感になります。

調理 20分

ミートボール

子どもが大好き定番おかず!

調理 30分

材料(大人2人+子1人)×2食分

- A
  - 合い挽き肉 …… 600g
  - 卵 …… 2個
  - 塩 …… 小さじ1/3
  - ナツメグ …… 少々
- 玉ねぎ …… 1個(200g)
- パン粉 …… 1カップ
- 牛乳 …… 大さじ4
- オリーブ油 …… 大さじ1
- B
  - 水 …… 1カップ
  - ケチャップ …… 大さじ4
  - しょうゆ …… 大さじ2
  - 砂糖 …… 小さじ2

作り方

1. 玉ねぎはみじん切りにする。パン粉と牛乳は合わせておく。
2. ボウルに1、Aを入れてよく練り合わせ、28等分にして丸める。
3. フライパンにオリーブ油を熱し2を焼く。焼き色がついたら裏返して2〜3分蒸し焼きにし、混ぜておいたBを加えてさっとからめる。

鮭バーグ

華やかで目にもおいしいハンバーグ

調理 30分

材料(大人2人+子1人)×2食分

- 鮭 …… 6切れ(540g)
- 玉ねぎ …… 1/2個(100g)
- A
  - 卵 …… 1個
  - パン粉 …… 大さじ6
  - 塩 …… 小さじ1/4
- サラダ油 …… 大さじ1
- B
  - ケチャップ …… 大さじ4
  - 中濃ソース、水 …… 各大さじ2
  - バター …… 20g

作り方

1. 鮭は皮と骨をとり除き細かくたたく。玉ねぎはみじん切りにする。
2. ボウルに1、Aを入れてよく練り混ぜる。子ども2食分をとり分けて丸め、残りは2等分にして小判形にする。
3. フライパンにサラダ油を熱し2を入れて焼く。焼き色がついたら裏返してフタをし、弱火で5〜6分蒸し焼きにする。火が通ったらBを加えてさっとからめる。

鶏肉とかぼちゃのシチュー

かぼちゃが甘いあったかシチュー

調理 40分

材料(大人2人+子1人)×2食分

- 鶏もも肉 …… 2枚(500g)
- 玉ねぎ …… 1個(200g)
- かぼちゃ …… 5/12個(500g)
- いんげん …… 10本(80g)
- 塩 …… 小さじ1/4
- バター …… 50g
- 小麦粉 …… 大さじ4
- 水 …… 3カップ
- A
  - 洋風スープの素 …… 小さじ2/3
  - 塩 …… 小さじ1/3
  - 牛乳 …… 3カップ

作り方

1. 鶏肉は一口大に切って塩をふる。玉ねぎは5mm幅の薄切りにして、長さを半分に切る。かぼちゃは1cm厚さに切り一口大に切る。いんげんは2cm長さに切る。
2. 鍋にバターを熱し鶏肉を焼く。焼き色がついたら玉ねぎを加えて炒める。小麦粉をふり入れて炒め、水を加えてのばす。
3. 2にかぼちゃ、いんげん、Aを加えてフタをして10分ほど煮る。

① 歳半 〜 ② 歳
副菜

冷蔵
日持ち **3** 日

野菜が苦手な子でもつい手がのびる、工夫いっぱいのレシピです。
おなかがすいてごはんが待ちきれない！というときのお通しにも◎。

さつまいものきんぴら

材料（大人2人＋子1人）×1食分
- さつまいも……………1本(200g)
- サラダ油………………大さじ½
- **A** しょうゆ、みりん
  …………………各大さじ½
  水………………………大さじ1

作り方
1. さつまいもは5mm厚さの斜め切りにし、5mm幅の棒状に切る。水に5分ほどさらして水気をきり、ラップをかけてレンジで2〜3分加熱する。
2. フライパンにサラダ油を熱し、さつまいもを炒める。油がまわり焼き色がついたら**A**を加えて、汁気がなくなるまで1〜2分からめる。

調理 10分

ほくほく甘くて手がとまらない

ほうれん草の白和え

材料（大人2人＋子1人）×1食分
- ほうれん草………………1袋(200g)
- 木綿豆腐…………………½丁(150g)
- **A** すりごま………………大さじ2
  しょうゆ、砂糖
  …………………各大さじ½
  だし汁……………………小さじ½
  塩…………………………少々

作り方
1. ほうれん草はラップをかけ、レンジで2分加熱する。水にさらして水気を絞り、3cm長さに切る。豆腐はペーパータオルに包みレンジで1分加熱して水をきる。
2. ボウルに豆腐を入れてなめらかになるまでつぶす。**A**を加えてよく混ぜ、ほうれん草を加えて和える。

調理 10分

苦手な野菜も白和えなら食べやすい

きゅうりとキャベツのゆかり和え

材料（大人2人＋子1人）×1食分

きゅうり	1本(100g)
キャベツ	1/6個(200g)
塩	小さじ1/2
ゆかり	小さじ2/3

あらかじめ野菜を塩もみするので、冷蔵保存をしても水分が出にくくなります。

作り方

1 きゅうりは小口切り、キャベツは3cm角のざく切りにして塩をまぶし、10分ほどおく。

2 ボウルに水気を絞った1を入れ、ゆかりを加えて和える。

調理 10分

塩でもんで和えるだけのスピードメニュー

バターとキャベツの相性ばっちり！

キャベツとアスパラのバター蒸し

材料（大人2人＋子1人）×1食分

キャベツ	1/6個(200g)
アスパラガス	5本(65g)
バター	10g
A 塩	小さじ1/6
すりごま	大さじ1/2

キャベツはレンジで加熱することでかさが減り、たくさん食べられます。

作り方

1 キャベツは2～3cm角に切る。アスパラは下1/3程度の皮をむいて、1cm厚さの斜め切りにする。

2 耐熱容器に1とバターを入れてラップをかけ、レンジで2～3分加熱する。やわらかくなったらAを加えて和える。

調理 10分

いつものブロッコリーをごま味に

ブロッコリーのごま和え

材料（大人2人＋子1人）×1食分

ブロッコリー	小1個(150g)
A 黒すりごま	大さじ1
しょうゆ、砂糖	各大さじ1/2
だし汁	小さじ2

作り方

1 ブロッコリーは小房に分けてラップをかけ、レンジで1～2分加熱する。

2 ボウルにAを合わせて1を加え、さっと和える。

調理 10分

ちくわと小松菜の煮浸し

材料（大人2人＋子1人）×1食分
- ちくわ ………… 2本(52g)
- 小松菜 ………… 1袋(200g)
- A
  - だし汁 ………… 1カップ
  - しょうゆ、みりん ………… 各小さじ1
  - 塩 ………… 少々

作り方
1. ちくわは1cmの輪切りに、小松菜は3cm長さに切る。
2. 鍋でAを煮立て1を加える。フタをしてときどき全体を混ぜながら、弱火で7〜8分煮る。

だしがきいて薄味でもうまみしっかり

調理 15分

キャベツとコーンの塩昆布和え

材料（大人2人＋子1人）×1食分
- キャベツ ………… 1/6個(200g)
- コーン ………… 1缶(65g)
- 塩 ………… 小さじ1/2
- A
  - 塩昆布、ごま油 ………… 各小さじ2
  - しょうゆ ………… 小さじ1/2

作り方
1. キャベツは3cm角のざく切りにしてボウルに入れ、塩をまぶして10分ほどおく。
2. 1の水気を絞ってボウルに入れ、汁気をきったコーン、Aを入れて和える。

塩昆布がコーンの甘みを引き立てる

調理 15分

かぼちゃサラダ

材料（大人2人＋子1人）×1食分
- かぼちゃ ………… 1/4個(300g)
- 冷凍枝豆（さやつき） ………… 40g
- A
  - マヨネーズ ………… 大さじ2
  - 牛乳 ………… 大さじ1/2
  - 塩 ………… 少々

作り方
1. かぼちゃは皮とタネを取り除いて一口大に切り、ラップをしてレンジで2〜3分加熱する。枝豆は解凍し、さやから出す。
2. かぼちゃを粗くつぶし、A、枝豆を加えて和える。

かぼちゃは量があったほうがつぶしやすいので、何食分かまとめて作っておくのがおすすめです。

時間がたってもしっとりおいしい

調理 10分

じゃがいもとしらすのさっぱりサラダ

材料（大人2人＋子1人）×1食分
- じゃがいも……2個（250g）
- しらす干し……大さじ1
- セロリ……⅓本（25g）
- 塩……少々
- A
  - 酢……大さじ1
  - 砂糖……小さじ2
  - 塩……小さじ⅙

作り方
1. じゃがいもはせん切りにして水にさらす。水気をきり耐熱容器に入れてラップをかけて、レンジで50秒～1分加熱する。セロリは斜め薄切りにして塩もみし、水気をきる。
2. ボウルにAを合わせて1、しらすを加えて和える。

調理 10分

大豆とさつまいもの甘みそ炒め

材料（大人2人＋子1人）×1食分
- さつまいも……1本（200g）
- 大豆の水煮……1袋（55g）
- サラダ油……大さじ½
- A
  - みそ、みりん……各大さじ1
  - 酒……大さじ½
  - 砂糖……小さじ½

作り方
1. さつまいもは1cm厚さのいちょう切りにして水にさらす。水気をきりレンジで2～3分加熱する。
2. フライパンにサラダ油を熱し、さつまいもと大豆を炒める。さつまいもに焼き目がついたら混ぜておいたAをまわし入れてさっとからめる。

調理 10分

しらすとしいたけの卵焼き

材料（大人2人＋子1人）×1食分
- 卵……3個
- しらす干し……大さじ2
- しいたけ……1枚（15g）
- A
  - だし汁……大さじ3
  - みりん……小さじ1
  - しょうゆ……小さじ½
  - 塩……少々
- サラダ油……適量

作り方
1. しいたけは薄切りにする。
2. ボウルに卵を溶きほぐし、1としらす、Aを加えて混ぜる。
3. 卵焼き器にサラダ油を熱し、2を3回に分けて流し入れ、巻いていく。しっかり中まで火を通す。

調理 15分

白菜とにんじんのコールスロー

材料（大人2人＋子1人）×1食分
- 白菜 …………… 2枚（200g）
- にんじん ………… ¼本（40g）
- A
  - マヨネーズ …… 大さじ1と½
  - ヨーグルト ……… 大さじ1
  - 塩 ……………… 少々
  - 砂糖 …………… 小さじ¼

作り方
1. 白菜とにんじんは3〜4cm長さの細切りにしてラップをかけ、レンジで2〜3分加熱する。
2. しんなりしたら水気を絞ってボウルに入れ、**A**を加えて和える。

調理 10分

さっぱり味のヒミツはヨーグルト

長いもとわかめのだし煮

材料（大人2人＋子1人）×1食分
- 長いも …………… ½本（300g）
- 乾燥わかめ ……… 大さじ1
- A
  - だし汁 ………… ¾カップ
  - しょうゆ ……… 小さじ⅔
  - みりん ………… 小さじ1
  - 塩 ……………… 少々

作り方
1. 長いもは皮をむいて1cm厚さのいちょう切りにする。わかめは水で戻す。
2. 鍋に**A**を煮立て、長いもを加える。落としぶたをして弱火で8分ほど煮て、やわらかくなったらわかめを加えてさっと煮る。

長いもは火を通すとほくほくに！

調理 15分

かぼちゃのチーズ焼き

材料（大人2人＋子1人）×1食分
- かぼちゃ ………… ⅙個（200g）
- 粉チーズ ………… 小さじ1
- 塩 ………………… 小さじ⅛

作り方
1. かぼちゃは1cm厚さの一口大に切る。ラップをかけ、レンジで2〜3分加熱する。
2. 粉チーズと塩をかけてトースターでこんがり焼き目がつくまで4〜5分焼く。

トースターで焼くだけのお手軽レシピ

調理 10分

ごまの風味で香ばしさをアップ！

ピーマンとしめじのごま炒め

材料（大人2人＋子1人）×1食分
- ピーマン……………… 2個(50g)
- しめじ………………… 1袋(100g)
- ごま油………………… 小さじ1
- A
  - 黒ごま……………… 小さじ½
  - みりん……………… 小さじ1
  - 塩…………………… 小さじ⅙

作り方
1. ピーマンは細切りにする。しめじはほぐして、長いものは半分に切る。
2. フライパンにごま油を熱し1を炒める。しんなりしたらAを加えてさっとからめる。

調理 10分

切干大根はけっこう使える

切干大根ときゅうりの酢のもの

材料（大人2人＋子1人）×1食分
- 切干大根……………… 20g
- きゅうり……………… ½本(50g)
- 塩……………………… 小さじ¼
- A
  - だし汁……………… 大さじ1
  - しょうゆ、酢、砂糖
    …………………… 各小さじ1

作り方
1. 切干大根とたっぷりの水を耐熱ボウルに入れてラップをかけ、レンジで2〜3分加熱する。粗熱をとって水気を絞り、2cm長さに切る。きゅうりは細切りにして塩もみする。
2. ボウルにAを合わせ、水気をきった1を加えてさっと和える。

調理 10分

くせのないかぶは子ども向き野菜

かぶの梅おかか炒め

材料（大人2人＋子1人）×1食分
- かぶ…………………… 3個(180g)
- 梅干し………………… 小1個(8g)
- サラダ油……………… 小さじ1
- A
  - だし汁……………… 大さじ1
  - みりん……………… 小さじ1
  - 塩…………………… 少々
- かつお節……………… 2g

作り方
1. かぶは茎を2cmほど残して皮をむき、1cmのくし形切りにする。梅干しはたたいてAと合わせる。
2. フライパンにサラダ油を熱し、かぶを炒める。しんなりしたら梅干しが入ったAをまわし入れてさっと炒め、かつお節をからめる。

調理 10分

チーズいももち

材料（大人2人＋子1人）×1食分
- じゃがいも……2個（300g）
- プロセスチーズ……50g
- 片栗粉……30g
- 塩……少々
- バター……10g

作り方
1. じゃがいもは一口大に切って水にさらす。ラップをかけて、レンジで3～4分加熱し、熱いうちにつぶす。チーズは9等分に切る。
2. じゃがいもに片栗粉、塩を加えて混ぜて9等分にし、中にチーズを入れて小判形にする。
3. フライパンにバターを熱して**2**を並べ、両面にこんがり焼き色がつくまで3～4分焼く。

調理 15分

もちもち食感でチーズがとろーり

大根とパプリカのレモンマリネ

材料（大人2人＋子1人）×1食分
- 大根……1/6本（200g）
- 黄パプリカ……1/4個（35g）
- 塩……小さじ1/4
- A オリーブ油……大さじ1
- 　レモン汁……小さじ1
- 　砂糖……小さじ1/4
- 　塩……少々

作り方
1. 大根は細切りにしてボウルに入れ、塩をまぶす。10分ほどおいて、しんなりしたら水気をきる。パプリカは薄切りにする。
2. ボウルに**A**を合わせ**1**を加えてさっと和える。

ほんのりレモンの香りが爽やか！

調理 15分

ハムとかぶのスープ煮

材料（大人2人＋子1人）×1食分
- ハム……3枚
- かぶ……3個（180g）
- A 洋風スープの素……小さじ1/4
- 　水……1カップ
- 　塩……小さじ1/6

作り方
1. ハムは長さを半分に切り1cm幅に切る。かぶは1cm厚さのくし形切りにする。
2. 鍋で**A**を煮立て**1**を加える。かぶがやわらかくなるまで5～6分煮る。

ハムのうまみで最後の一滴までおいしい

調理 15分

1歳半〜2歳　副菜（冷蔵）

彩りもきれいで栄養も抜群

ブロッコリーの卵サラダ

材料（大人2人＋子1人）×1食分
- ブロッコリー……小1個（150g）
- ゆで卵……………………1個
- A
  - マヨネーズ………大さじ2
  - 酢………………小さじ1
  - 塩…………………少々

作り方
1. ブロッコリーは小房に分けてラップをかけ、レンジで1〜2分加熱する。卵は一口大に切る。
2. ボウルにAを合わせ、1を加えてさっと和える。

調理 10分

かぼちゃとミルクは好相性！

かぼちゃのミルク煮

材料（大人2人＋子1人）×1食分
- かぼちゃ………1/6個（200g）
- 牛乳…………………3/4カップ
- 洋風スープの素………小さじ1/2
- 塩……………………………少々

作り方
1. かぼちゃは、皮をところどころむいて2〜3cm角に切る。
2. すべての材料を鍋に入れ、落としぶたをして中火にかける。煮立ったら弱火にし、かぼちゃがやわらかくなるまで10分ほど煮る。

調理 15分

オクラのねばねばで味がよくなじむ

オクラと大豆の
ポン酢しょうゆ和え

材料（大人2人＋子1人）×1食分
- オクラ……………16本（190g）
- 大豆の水煮…………1袋（55g）
- A
  - ポン酢しょうゆ、だし汁
    ……………………各大さじ1
  - ごま油……………小さじ1

作り方
1. オクラはヘタを落としてラップをかけ、レンジで1〜2分加熱する。斜め3〜4等分に切る。
2. ボウルに1と大豆、Aを入れてさっと和える。

調理 5分

ミニトマトのきな粉和え

材料（大人2人＋子1人）×1食分
- ミニトマト……1パック(12個)
- A
  - きな粉……大さじ1
  - しょうゆ、砂糖、水……各小さじ1

作り方
1 ミニトマトは4等分に切る。
2 ボウルにAを合わせ、1を加えてさっと和える。

調理 5分

意外な組み合わせがおいしい逸品

ブロッコリーののりチーズ和え

材料（大人2人＋子1人）×1食分
- ブロッコリー……小1個(150g)
- 焼きのり……1/2枚
- A
  - 粉チーズ、オリーブ油……各大さじ1

作り方
1 ブロッコリーは小房に分け、ラップをかけ、レンジで1〜2分加熱する。
2 粗熱がとれたら、ちぎった焼きのりとAを加えて和える。

のりが吸湿してくれるので保存性ばっちり

調理 5分

にんじんと桜えびのおかか炒め

材料（大人2人＋子1人）×1食分
- にんじん……小1本(120g)
- 桜えび……5g
- ごま油……小さじ1
- A
  - 酒……大さじ1
  - 塩……小さじ1/6
  - かつお節……2g

作り方
1 にんじんは3cm長さの細切りにする。
2 フライパンにごま油を熱し、にんじんを炒める。しんなりしたら桜えびを加えて炒め、Aを加えてさっとからめる。

カルシウムやミネラルの補給にも

調理 10分

1歳半〜2歳 副菜（冷蔵）

じゃがいもとツナのカレー炒め

ツナとカレーは子どもたちに大人気！

調理10分

材料（大人2人＋子1人）×1食分
- じゃがいも……2個（300g）
- ツナ……1缶（80g）
- サラダ油……小さじ1
- A
  - カレー粉……小さじ1/8
  - 塩……小さじ1/6

作り方
1. じゃがいもは1cm角の棒状に切って水にさらす。水気をきってラップをかけて、レンジで2〜3分加熱する。ツナは汁気をきる。
2. フライパンにサラダ油を熱し、じゃがいもを炒める。焼き色がついたらツナとAを加えてさっと炒める。

なすと油揚げのさっと煮

とろ〜りやわらかいなすが食べやすい

調理15分

材料（大人2人＋子1人）×1食分
- なす……3本（240g）
- 油揚げ……1枚
- A
  - だし汁……1カップ
  - しょうゆ、みりん……各大さじ1

作り方
1. なすは1cm厚さの半月切りにして水にさらす。油揚げは横3等分にして1cm幅に切る。
2. 鍋でAを煮立て1を加える。落としぶたをして10分ほど煮る。

かぶのそぼろ煮

とろみでそぼろもつるんと食べやすい

調理15分

材料（大人2人＋子1人）×1食分
- かぶ……3個（180g）
- かぶの葉……1個分（35g）
- 鶏ひき肉……80g
- A
  - だし汁……3/4カップ
  - しょうゆ……大さじ1/2
  - みりん……大さじ1
  - 塩……少々
- B
  - 片栗粉……小さじ1/2
  - 水……小さじ1

作り方
1. かぶは1cm角に、かぶの葉は3cm長さに切る。
2. 鍋にAとひき肉を入れてよく混ぜ、火にかける。混ぜながら火を通し、かぶを入れて煮る。
3. かぶがやわらかくなったら葉を加えてさっと煮て、水溶きしたBでとろみをつける。

1歳半〜2歳
副菜

冷凍
日持ち2週間

水気の多い野菜は冷凍に向きませんが、きのこやかぼちゃは冷凍向き。
野菜のチヂミは、小腹がすいたときのおやつにもぴったりです。

かぼちゃの塩バター煮

材料（大人2人＋子1人）×2食分
- かぼちゃ ……… 2/3個（400g）
- A 水 ……… 1と1/2カップ
-   砂糖 ……… 大さじ1
-   塩 ……… 小さじ1/4
- バター ……… 20g

作り方
1. かぼちゃはタネを取り除き、皮をところどころむき2〜3cm角くらいに切る。
2. 鍋に**1**、**A**を入れて火にかける。沸騰したら落としぶたをして弱火で10分ほど煮る。仕上げにバターを入れてさっと煮る。

> バターがこっくりやさしい味

調理 20分

きのこのさっと煮

材料（大人2人＋子1人）×2食分
- しめじ ……… 2袋（200g）
- しいたけ ……… 8枚（120g）
- えのき ……… 2袋（200g）
- A だし汁 ……… 1/2カップ
-   しょうゆ、みりん ……… 各小さじ4
-   酢 ……… 小さじ2
-   塩 ……… 少々

作り方
1. しめじはほぐし、長いものは半分に切る。しいたけは5mm幅にスライスする。えのきは3cm長さに切る。
2. 鍋に**1**と**A**を入れて火にかける。ときどき混ぜながら、フタをして3〜4分煮る。

> 豆腐やごはんにかけてもおいしい！

調理 15分

1歳半〜2歳 副菜（冷凍）

にんじんチヂミ

材料（大人2人＋子1人）×2食分
- にんじん ……… 1と1/3本(200g)
- A
  - 小麦粉 ……………… 140g
  - 片栗粉 ……………… 60g
  - 卵 …………………… 2個
  - 水 …………………… 240mℓ
  - 塩 …………………… 小さじ1/6
- ごま油 ………………… 大さじ1

作り方
1. にんじんはせん切りにする。
2. ボウルに**A**を入れて混ぜ合わせ、にんじんを加えて混ぜる。
3. フライパンにごま油を熱し、**2**を1/10量ずつ、円形になるよう流し入れる。平らにならして2〜3分焼き、焼き色がついたら裏返してフタをし、弱火で蒸し焼きにする。3〜4回に分けて全量分を焼く。

食べるときに一口大サイズに切り分け、しょうゆを添えます。

調理 15分

> にんじんの甘みたっぷりでおやつ感覚

> 白菜は小さめに切って食べやすく

ツナと白菜のさっと煮

材料（大人2人＋子1人）×2食分
- 白菜 …………………… 6枚(600g)
- ツナ …………………… 2缶(160g)
- A
  - だし汁 ……… 1と1/2カップ
  - しょうゆ、みりん …… 各小さじ4

作り方
1. 白菜は2cm角程度のざく切りにする。ツナは軽く汁気をきる。
2. 鍋で**A**を煮立て**1**を加える。フタをして白菜がしんなりするまで12分ほど煮る。

調理 25分

> カルシウム豊富な小松菜としらす入り

しらすと小松菜のチヂミ

材料（大人2人＋子1人）×2食分
- 小松菜 ……………… 4/5袋(160g)
- しらす干し ………………… 大さじ6
- A
  - 小麦粉 ……………… 140g
  - 片栗粉 ……………… 60g
  - 卵 …………………… 2個
  - 水 …………………… 240mℓ
  - 塩 …………………… 小さじ1/6
- ごま油 ………………… 大さじ1

作り方
1. 小松菜は3cmのざく切りにする。
2. ボウルに**A**を入れて混ぜ合わせ、**1**としらすを加えて混ぜる。
3. フライパンにごま油を熱し、**2**を1/10量ずつ、円形になるよう流し入れる。平らにならして2〜3分焼き、焼き色がついたら裏返してフタをし、弱火で蒸し焼きにする。3〜4回に分けて全量分を焼く。

具材は玉ねぎ、もやし、ブロッコリー、チーズなどもおすすめ。食べるときは切り分け、しょうゆを添えます。

調理 15分

1歳半〜2歳 主食

冷凍 日持ち2週間

丼ものやチャーハン、焼きそばなど、これ1品で満足な主食レシピ。
ここに副菜か汁物をもう1品加えれば、立派な夕ごはんです。

鶏そぼろ

材料（大人2人＋子1人）×2食分
- いんげん……………10本（80g）
- A
  - 鶏ひき肉……………500g
  - しょうゆ、酒、みりん……各大さじ2
  - 砂糖……………小さじ2
  - しょうがすりおろし……2片分（16g）

作り方
1. いんげんはラップをかけレンジで1分加熱し、1cm幅に切る。
2. 鍋にAを入れて混ぜ、火にかける。沸騰したら弱火にし、汁気が少なくなるまで10分ほど煮る。仕上げに1を入れてさっと煮る。

調理 20分

ごはんに混ぜておにぎりにしても◎

合い挽き肉と小松菜の混ぜごはん

材料（大人2人＋子1人）×2食分
- 合い挽き肉……………200g
- 小松菜……………1と1/2袋（300g）
- しょうが……………1片（8g）
- ごま油……………大さじ1
- A
  - しょうゆ……………大さじ3
  - みりん、酒……各大さじ2
  - 塩……………少々

食べるときに白ごはんに混ぜます。白ごはんは炊きたてでも、冷凍ごはんでもOK。

作り方
1. 小松菜は1cm幅に切る。しょうがはみじん切りにする。
2. フライパンにごま油としょうがを入れて熱し、ひき肉を炒める。色が変わりポロポロになったら小松菜を加えて炒める。
3. 小松菜がしんなりしたらAを加え、水分がなくなるまで炒め煮にする。

調理 25分

青菜が苦手でもひき肉効果で食がすすむ！

おにぎりやチャーハンにも大活躍！

調理 20分

鮭そぼろ

材料（大人2人＋子1人）×2食分

生サーモン	4切れ(360g)
ごま油	小さじ1
A 白ごま	小さじ2
酒	大さじ1と1/3
塩	小さじ1/3

作り方

1. フライパンにごま油を熱し、サーモンを焼く。焼き色がついたら裏返してフタをし、弱火で3〜4分蒸し焼きにする。
2. 火が通ったら取り出して骨と皮を除き、ほぐす。フライパンに戻して火にかけ、Aを加えて炒める。

食べるときに白ごはんに混ぜます。白ごはんは炊きたてでも冷凍でも。

スプーンですくいやすいとろみメニュー

調理 30分

中華丼

材料（大人2人＋子1人）×2食分

豚こま切れ肉	160g
白菜	4枚(400g)
にんじん	1/2本(80g)
しいたけ	4枚(60g)
絹さや	10枚(30g)
サラダ油	大さじ1
A 酒	大さじ2
鶏がらスープの素	小さじ1
水	2カップ
しょうゆ	大さじ1
塩	少々
B 片栗粉	大さじ2
水	大さじ4

作り方

1. 豚肉は2cm長さに切り、白菜は2cmのざく切りにする。にんじんは3cm長さの短冊切り、しいたけは薄切りにする。絹さやは3〜4等分に切る。
2. フライパンにサラダ油を熱し、豚肉を炒める。色が変わったら白菜、にんじん、しいたけを加えて炒め、Aを加える。弱火にし、3〜4分蒸し煮にする。絹さやを加え、さっと煮る。とろみをつけず冷凍する。

食べるときは鍋に入れて温め、水溶きしたBをまわし入れてとろみをつけてから白ごはんにかけましょう。

食べる前に卵でとじてふわっと感を

調理 25分

親子丼

材料（大人2人＋子1人）×2食分

玉ねぎ	1/2個(100g)
小松菜	2/3束(60g)
A 鶏ひき肉	200g
だし汁	1と1/2カップ
酒、しょうゆ、みりん	各大さじ3
砂糖	大さじ1
卵	4個

作り方

1. 玉ねぎは薄切りにし、小松菜は2cm長さに切る。
2. 鍋にAを入れてよく混ぜ、火にかける。沸騰したら1を加えてフタをし、7〜8分煮る。

食べるときは鍋に入れて温め、軽く溶いた卵でとじてから白ごはんにのせます。

ハヤシライス

材料（大人2人＋子1人）×2食分
- 牛切り落とし肉　400g
- 玉ねぎ　1個(200g)
- しめじ　2袋(200g)
- 塩　小さじ¼
- サラダ油　大さじ1
- 小麦粉　大さじ1
- A
  - 水　1と½カップ
  - ケチャップ　大さじ3
  - ソース　大さじ2
  - 砂糖　小さじ1
  - 塩　小さじ¼
- バター　10g

作り方
1. 牛肉は小さめの一口大に切り、塩をふる。玉ねぎは薄切りにする。しめじはほぐして長いものは半分に切る。
2. 鍋にサラダ油を熱して牛肉を炒める。色が変わったら玉ねぎとしめじを加えてしんなりするまで炒め、小麦粉をふり入れて炒める。粉っぽさがなくなったらAを加えてとろみがつくまで4〜5分煮込み、最後にバターを加える。

調理 25分

ケチャップに砂糖を加えたまろやか味

鶏肉とにんじんの炊き込みチキンライス

材料（大人2人＋子1人）×2食分
- 鶏むね肉　200g
- にんじん　⅔本(100g)
- 冷凍枝豆（さやつき）　200g
- 米　4合
- A
  - 塩　少々
  - 酒　小さじ2
- B
  - ケチャップ　大さじ4
  - 酒　大さじ2
  - 洋風スープの素　小さじ2
  - 塩　小さじ⅔
- バター　20g

作り方
1. 鶏肉は1cm角に切りAをもみ込み、にんじんはすりおろす。枝豆は解凍してさやから出す。米はといでザルにあげておく。
2. 炊飯釜に米とBを入れ4合の目盛りまで水を注ぐ。鶏肉とにんじんをのせて普通に炊き、炊き上がったら枝豆とバターを加えて全体を混ぜ合わせる。

調理 15分
（※炊く時間は除く）

炊飯器だけでできちゃう！お手軽レシピ

桜えびともやしの焼きそば

材料（大人2人＋子1人）×2食分
- 豚こま切れ肉　200g
- もやし　1袋(200g)
- にんじん　⅓本(60g)
- キャベツ　⅓個(400g)
- 焼きそばめん　6玉
- 塩　小さじ¼
- 酒、サラダ油　各大さじ1
- 水　⅓カップ
- 桜えび　10g
- A
  - オイスターソース　大さじ3
  - 酒　大さじ4
  - しょうゆ　小さじ1
  - 塩　少々

作り方
1. 豚肉は小さめの一口大に切って塩、酒をもみ込む。もやしはあればひげ根を取る。にんじんは3cm長さの短冊切り、キャベツは2〜3cm角のざく切りにする。
2. フライパンにサラダ油を熱し、豚肉を炒める。色が変わったら野菜を加えてさっと炒め、焼きそばと水を加えてほぐしながら炒める。
3. 桜えび、Aをまわし入れてさっとからめる。

2回に分けて炒める場合は水を1回につき¼カップにします。

調理 20分

オイスターソースのおかげで野菜もりもり

豚肉とねぎの卵チャーハン

材料（大人2人＋子1人）×2食分

豚こま切れ肉	160g
長ねぎ	1本(90g)
卵	4個
ごはん	3合
塩	小さじ1/3
酒	小さじ2
サラダ油	大さじ1
A しょうゆ	小さじ4
塩	小さじ2/3

作り方

1. 豚肉は2cm長さに切って塩、酒をふる。長ねぎは粗みじん切りにする。卵は溶いておく。
2. フライパンにサラダ油を熱し、豚肉と長ねぎを炒める。肉の色が変わったらごはんと卵を加えて炒め、全体がパラっとしたらAを加えて調味する。

量が多いので、2回に分けて炒めましょう。

冷凍ごはんを使えばパラパラに

調理 25分

お好み焼き

材料（大人2人＋子1人）×2食分

豚バラ肉	160g
キャベツ	1/4個(300g)
桜えび	10g
塩	小さじ1/6
A だし汁	160ml
大和いも	100g
卵	2個
小麦粉	100g
しょうゆ	小さじ2
サラダ油	大さじ1

作り方

1. キャベツは短めのせん切りにする。大和いもはすりおろす。豚肉は3cm長さに切って塩をふる。
2. ボウルにAを順に入れ、よく混ぜる。キャベツと桜えびを加えて混ぜ合わせる。
3. フライパンにサラダ油を熱し、2の生地の1/4量を丸く流し入れる。1/4量の豚肉をのせて焼き、焼き色がついたら裏返す。フタをして火が通るまで弱火で4〜5分焼く。残りの生地も同様に焼く。

食べるときに中濃ソース、マヨネーズ、青のり、かつお節をトッピングします。

トッピングは食べる直前に

調理 25分

マカロニグラタン

材料（大人2人＋子1人）×2食分

鶏もも肉	1枚(250g)
玉ねぎ	1個(200g)
ブロッコリー	1/2個(120g)
マカロニ	200g
塩	少々
オリーブ油	小さじ2
バター	70g
小麦粉	大さじ8
牛乳	4と1/2カップ
塩	小さじ1/3
ピザ用チーズ	100g

作り方

1. 鶏肉は小さめの一口大に切り、塩をふる。玉ねぎは薄切りにする。ブロッコリーは小房に分けてレンジで1〜2分加熱する。マカロニは表示時間通りにゆでる。
2. フライパンにオリーブ油を熱して鶏肉を焼き、一度取り出す。バターを加えて玉ねぎを炒め、小麦粉をふり入れて炒める。牛乳で溶きのばし、鶏肉を戻して2〜3分煮る。塩小さじ1/3、ブロッコリー、マカロニを混ぜ合わせる。
3. グラタン皿に2を入れ、チーズをかけてトースターで4〜5分焼く。

小さめのマカロニを選ぶと食べやすい

調理 40分

① 歳半〜② 歳
汁物

冷蔵
日持ち 3 日

具だくさんで滋養たっぷりの汁物は、たくさん作って冷蔵庫へ。
温めなおすときは電子レンジより、鍋に移して温めるほうが手軽です。

けんちん汁

材料（大人2人＋子1人）×1食分
- 大根 ………………… 1/12本（100g）
- にんじん …………… 1/3本（50g）
- しいたけ …………… 2枚（30g）
- ごぼう ……………… 1/4本（50g）
- 油揚げ ……………… 1/2枚（20g）
- ごま油 ……………… 大さじ1/2
- A｜だし汁 ………… 2と1/2カップ
- 　｜酒 …………………… 大さじ1
- 　｜しょうゆ ………… 小さじ2
- 　｜塩 …………………… 少々

作り方
1. 大根とにんじんは5mm厚さのいちょう切り、しいたけは薄切り、ごぼうはささがきにする。油揚げは横3等分に切り、1cm幅に切る。
2. 鍋にごま油を熱し、大根、にんじん、ごぼうを炒める。全体に油がまわったら**A**としいたけ、油揚げを加えてフタをし、弱火で7〜8分煮る。

調理 20分

根菜のうまみがつまった定番の汁物

さつまいもと切干大根の中華スープ

材料（大人2人＋子1人）×1食分
- さつまいも ………… 1/2本（100g）
- 切干大根 …………… 10g
- 水 …………………… 2と1/2カップ
- A｜鶏がらスープの素、しょうゆ
- 　｜ …………………… 各小さじ1
- 　｜塩 …………………… 少々
- 白ごま ……………… 適量

作り方
1. さつまいもは1cm厚さのいちょう切りにして水にさらす。切干大根は水で戻し、2cmの長さに切る。
2. 鍋に水を沸かし**1**と**A**を加え、さつまいもがやわらかくなるまで3〜4分煮る。仕上げに白ごまをふる。

しっとりとしたさつまいもが子どもうけ◎

調理 20分

1歳半〜2歳 汁物（冷蔵）

はんぺんと小松菜のスープ

材料（大人2人＋子1人）×1食分
- はんぺん……⅓枚（70g）
- 小松菜……⅓束（70g）
- だし汁……2と½カップ
- A しょうゆ……小さじ1
-   塩……少々
-   ごま油……小さじ½
- すりごま……適量

作り方
1. はんぺんは1cm角に、小松菜は2cm長さに切る。
2. 鍋にだし汁を沸かし、小松菜を加えて煮る。しんなりしたらはんぺんとAを加え1〜2分煮る。仕上げにすりごまをふる。

調理15分

はんぺんは子どもが食べやすい食材のひとつ

くずし豆腐となめこのとろみスープ

豆腐は切らずに手でくずせばOK！

材料（大人2人＋子1人）×1食分
- なめこ……½袋（50g）
- オクラ……3本（30g）
- 絹ごし豆腐……⅓丁（100g）
- A だし汁……2と½カップ
-   しょうゆ……小さじ1
-   塩……少々

作り方
1. なめこはさっと水で洗う。オクラは1cm幅の小口切りにする。
2. 鍋にAを沸かして1を入れさっと煮る。豆腐をざっくりと手でくずしながら入れて温める。

調理10分

わかめと長いもの中華スープ

ミネラル豊富な滋養スープ

材料（大人2人＋子1人）×1食分
- 長いも……⅙本（100g）
- にんじん……¼本（40g）
- 乾燥わかめ……大さじ½
- ごま油……小さじ1
- A 水……2と½カップ
-   鶏がらスープの素、しょうゆ……各小さじ1
-   塩……少々

作り方
1. 長いもとにんじんは1cm角に切る。わかめは水で戻し、一口大に切る。
2. 鍋にごま油を熱し、長いもとにんじんを炒める。油がまわったらAを加えて、野菜がやわらかくなるまで3〜4分煮る。わかめを加えて1〜2分煮る。

調理15分

厚揚げと里いもの和風スープ

材料（大人2人＋子1人）×1食分

- 厚揚げ……………… ¼枚（50g）
- 里いも………………… 1個（60g）
- 大根………………… 1/24（50g）
- 万能ねぎ……………… 3本（15g）
- ごま油………………… 小さじ1
- A｜だし汁…………… 2と½カップ
- 　｜しょうゆ………… 小さじ1
- 　｜塩………………… 少々

作り方

1. 厚揚げは横3等分に切って5mm幅に切る。里いもは1cm厚さのいちょう切り、大根は5mm厚さのいちょう切りにする。万能ねぎは3cmに切る。
2. 鍋にごま油を熱し、厚揚げと里いも、大根を炒める。全体に油がまわったらAを加えて、具材がやわらかくなるまで4～5分煮る。万能ねぎを加えてさっと煮る。

調理 15分

具だくさん汁はいつだって強い味方！

ワンタンスープ

材料（大人2人＋子1人）×1食分

- 長ねぎ………………… ⅓本（30g）
- しいたけ……………… 3枚（45g）
- もやし………………… ½袋（100g）
- ワンタンの皮………… 10枚
- ごま油………………… 小さじ1
- 桜えび………………… 大さじ½
- A｜水………………… 2と½カップ
- 　｜鶏がらスープの素、しょうゆ
- 　｜　………………… 各小さじ1
- 　｜塩………………… 少々

作り方

1. 長ねぎは1cm幅の小口切り、しいたけは薄切りにする。もやしはあればひげ根を取る。ワンタンの皮は4等分に切る。
2. 鍋にごま油を熱し、長ねぎ、しいたけ、もやしを炒める。全体に油がまわったら桜えび、Aを加えて3～4分煮る。
3. 仕上げにワンタンの皮を加えてさっと煮る。

つるんとした食感が楽しい中華味

調理 15分

とろとろ白菜の卵スープ

材料（大人2人＋子1人）×1食分

- 白菜…………………… 1～2枚（150g）
- いんげん……………… 3本（24g）
- 卵……………………… 1個
- A｜水………………… 2と½カップ
- 　｜洋風スープの素… 小さじ1
- 　｜塩………………… 少々

作り方

1. 白菜は3cm長さに切り細切りにする。いんげんは斜め1cm幅に切る。卵は溶いておく。
2. 鍋にAを沸かし、白菜といんげんを加えて7～8分煮る。火が通ったら卵を加え1～2分煮る。

とろとろの白菜が舌にやさしい

調理 15分

1歳半〜2歳 汁物(冷蔵)

コロコロ野菜たっぷりで食べやすい

調理 15分

アスパラと玉ねぎ、にんじんのスープ

材料(大人2人+子1人)×1食分
- アスパラガス……3本(40g)
- 玉ねぎ……¼個(50g)
- にんじん……¼本(40g)
- オリーブ油……小さじ1
- A 水……2と½カップ
- 洋風スープの素……小さじ½
- 塩……少々

作り方
1. アスパラは下⅓の皮をピーラーでむき、1cm幅に切る。玉ねぎとにんじんは1cm角に切る。
2. 鍋にオリーブ油を熱し1を炒める。しんなりしたらAを加えて4〜5分煮る。

磯の香りがふわっと広がる

調理 10分

ちくわとかぶののりスープ

材料(大人2人+子1人)×1食分
- ちくわ……1本(30g)
- かぶ……1個(60g)
- かぶの葉……1個分(35g)
- A だし汁……2と½カップ
- しょうゆ……小さじ1
- 塩……少々
- 焼きのり……¼枚

作り方
1. ちくわは5mm厚さの輪切りにする。かぶは5mm厚さのいちょう切り、かぶの葉は2cm幅に切る。
2. 鍋にAを沸かして1を加え、やわらかくなるまで3〜4分煮る。仕上げにのりをちぎって散らす。

鮭も大根も大きめのおかずスープ

調理 20分

鮭と大根の塩スープ

材料(大人2人+子1人)×1食分
- 生鮭……1切れ(90g)
- 大根……⅛本(150g)
- A 水……2と½カップ
- 鶏がらスープの素……小さじ1
- 塩……少々

作り方
1. 鮭は皮と骨を取り除き、小さめの一口大に切る。大根は1cm厚さのいちょう切りにする。
2. 鍋にAを沸かして1を加える。フタをして火が通るまで15分ほど煮る。

食べるときは鮭をほぐし、骨が残っていないか確認をしながら食べさせてください。

1歳半〜2歳 汁物

冷凍
日持ち **2** 週間

具の少ないスープやポタージュは、解凍しやすくて冷凍向きです。
食欲がないときも食べやすく、めんやパスタを加えてアレンジもできます。

コーンスープ

材料（大人2人＋子1人）×2食分
- コーンクリーム缶 …… 2缶（360g）
- A
  - 塩 …………………… 適量
  - 砂糖 ………………… 小さじ1
- 牛乳 …………………… 3カップ

作り方
1. コーンクリーム缶と **A** を混ぜる。
2. 鍋に **1** と牛乳を入れて温める。

> **1**のコーンクリームの素の状態で冷凍してもOKです。その場合、食べるときに牛乳を加えて温めます。

「スープの素」で冷凍すれば省スペース！

調理 **10**分

オニオンスープ

じっくり炒めた玉ねぎが甘い

材料（大人2人＋子1人）×2食分
- ハム …………………… 4枚（56g）
- 玉ねぎ ………………… 2個（400g）
- バター ………………… 20g
- A
  - 水 …………………… 5カップ
  - 洋風スープの素 …… 小さじ1
  - 塩 …………………… 小さじ1/3
- 粉チーズ ……………… 小さじ2

作り方
1. ハムは半分に切り、1cm幅に切る。玉ねぎは薄切りにする。
2. 鍋にバターを熱し、玉ねぎを薄いキツネ色になるまでじっくり炒める。
3. ハムを加えてさっと炒め、**A**を入れてフタをして4〜5分煮る。仕上げに粉チーズをふる。

調理 **25**分

68

1歳半〜2歳 汁物（冷凍）

みその香りがアクセントの和風味

じゃがいものみそポタージュ

材料（大人2人+子1人）×2食分
- じゃがいも……小4個(400g)
- 長ねぎ……1本(90g)
- バター……20g
- だし汁……2カップ
- みそ……大さじ2
- 牛乳……2カップ

作り方
1. じゃがいも、長ねぎは薄切りにする。
2. 鍋にバターを熱し、1を炒める。透明になってきたらだし汁を加えてフタをし、弱火で7〜8分煮る。やわらかくなったら火を止めてみそを溶かす。
3. 粗熱がとれたらミキサーにかけてペースト状にする。鍋に入れ、牛乳を加えて温める。

3の牛乳を加える前のペースト状で冷凍してもOKです。食べるときに牛乳を加えて温めます。

調理 30分

トマトジュースを使ったお手軽スープ

ツナとなすのトマトスープ

材料（大人2人+子1人）×2食分
- なす……4個(320g)
- 玉ねぎ……½個(100g)
- ツナ……2缶(160g)
- オリーブ油……小さじ2
- A 水……3カップ
- トマトジュース（食塩不使用）……2カップ
- 洋風スープの素……小さじ1
- 塩……小さじ⅓

作り方
1. なすは1cm幅のいちょう切りにして水にさらし、水気をきる。玉ねぎは薄切りにし、長さを半分に切る。ツナは汁気をきる。
2. 鍋にオリーブ油を熱し、なすと玉ねぎを炒める。油がまわったらAとツナを加えてフタをし、弱火で4〜5分煮る。

調理 20分

ポタージュなら苦手な野菜でも食べられる

にんじんのポタージュ

材料（大人2人+子1人）×2食分
- にんじん……小2本(240g)
- 玉ねぎ……½個(100g)
- サラダ油……小さじ2
- A 水……2カップ
- 洋風スープの素……小さじ1
- 塩……小さじ⅓
- 牛乳……1カップ

作り方
1. にんじん、玉ねぎは薄切りにする。
2. 鍋にサラダ油を熱し、1を炒める。油がまわってしんなりしたらAを入れてフタをし、弱火で15分ほど煮込む。
3. 粗熱がとれたらミキサーにかけてペースト状にする。鍋に入れ、牛乳を加えて温める。

3の牛乳を加える前のペースト状で冷凍してもOKです。食べるときに牛乳を加えて温めます。

調理 30分

ほぼ作らない1品レシピ

一瞬でできあがり！

切る、かける、和える、焼くだけなど、あっという間に完成する超スピードレシピ。あと1品追加したいときに大活躍するレシピを集めました。

角切りチーズと納豆が絶妙にマッチ！

チーズ納豆

材料（大人2人＋子1人）×1食分
- 納豆……2パック
- プロセスチーズ……50g
- しょうゆ……小さじ1

作り方
1. プロセスチーズは1cm角に切る。
2. 納豆に1としょうゆを加えて混ぜる。

豆腐の上に子どもが大好きなカリカリをオン！

揚げ玉やっこ

材料（大人2人＋子1人）×1食分
- 絹ごし豆腐……1丁（300g）
- 揚げ玉……大さじ3
- めんつゆ（2倍濃縮）……大さじ2

作り方
1. 豆腐は耐熱皿にのせてレンジで1分加熱する。
2. 温まったら揚げ玉とめんつゆをかける。

味つけはごま油としょうゆで！

ブロッコリーのごま和え

材料（大人2人＋子1人）×1食分
- ブロッコリー……½個（120g）
- A ごま油……小さじ2
- しょうゆ……小さじ1
- 白ごま……少々

作り方
1. ブロッコリーは小房に分けてラップをかけて、レンジで1分加熱する。
2. Aを加えてさっと和える。

グリーンとイエローで目にも鮮やか

コーンと枝豆のバターしょうゆ

材料（大人2人＋子1人）×1食分
- コーン……1缶（65g）
- 枝豆（さやつき）……100g
- バター……5g
- しょうゆ……小さじ1

作り方
1. 枝豆はさやから出す。
2. 耐熱ボウルにすべてを入れてさっと混ぜ、ラップをかけてレンジで1分加熱する。

「つける」という作業が子どもに人気

のりマヨきゅうり

材料（大人2人＋子1人）×1食分
きゅうり ………………… 1本
A｜のりの佃煮 …… 大さじ½
　｜マヨネーズ …… 大さじ1

作り方
1 きゅうりは長さを3等分にしてスティック状に切る。
2 Aを合わせる。

レンジで加熱することで時短に！

もやしのおかかポン酢しょうゆ

材料（大人2人＋子1人）×1食分
もやし ………………… 1袋(200g)
かつお節 ………………… 2g
ポン酢しょうゆ …… 大さじ1

作り方
1 もやしにラップをかけ、レンジで1〜2分加熱する。
2 器に盛り、かつお節とポン酢しょうゆをかける。

ふんわりはんぺんにのりの香り

ちぎりはんぺんののり和え

材料（大人2人＋子1人）×1食分
はんぺん ……………… 1枚(210g)
焼きのり ……………… ½枚
ごま油 ………………… 大さじ½

作り方
1 はんぺんと焼きのりは小さくちぎる。
2 ボウルにすべてを入れてさっと和える。

はちみつで甘みをつけてスイーツ感覚

ハニーレモントマト

材料（大人2人＋子1人）×1食分
トマト ………………… 大1個(200g)
A｜はちみつ ……… 大さじ1
　｜レモン汁 ……… 大さじ½
　｜塩 ……………… 少々

作り方
1 トマトは一口大に切り、Aを加えて和える。

野菜の甘味とマヨ焼きの香ばしさが合う！

アスパラのマヨ焼き

材料（大人2人＋子1人）×1食分
アスパラガス … 10本(130g)
マヨネーズ …………… 適量

作り方
1 アスパラは下⅓の皮をピーラーでむき、3〜4cm長さに切る。
2 1を耐熱皿に並べ、マヨネーズをかけてトースターで4〜5分焼く。

しんなりさせればペラペラレタスも食べやすい

レタスのめんつゆ漬け

材料（大人2人＋子1人）×1食分
レタス ………… 小½個(150g)
めんつゆ(2倍濃縮) … 大さじ2
オリーブ油 ………… 大さじ1

作り方
1 レタスは一口大にちぎる。
2 すべての材料を保存袋かポリ袋に入れて、しんなりするまでもみ込む。

野菜の冷凍保存術

ストックしておくと役立つ

いそがしかったり、子どもが小さかったりすると、なかなか買い物に行く時間もとれないものです。野菜は買えるときにまとめ買いして、まとめてフリージングしてしまいましょう。

Point 1
野菜の特性に合わせて下処理をしよう

野菜のフリージングには2通りの方法があります。生のまま冷凍する方法と、下ゆでしてから冷凍する方法です。意外と多くの野菜が、生のまま冷凍OK。料理に使うときに使いやすい形状に切ってから冷凍しましょう。それぞれの野菜の特性に合わせた、下処理の方法をご紹介します。

Point 2
下処理した野菜は、そのまま保存袋にイン！

野菜は、ペーパータオルなどでしっかりと水気をとれば、保存袋にそのまま入れて冷凍してもくっつきません。軽く凍ったところで少しほぐしてあげるとパラパラになり、使いたい分だけ取り出すことができます。トマトやニラ、セロリなど水分が多いものは、ラップで小分けにしてから保存袋に入れましょう。

Point 3
加熱調理の場合は凍ったまま使ってOK！

加熱調理する場合は、凍ったまま鍋やフライパンに放り込んでしまって大丈夫。和えものや、刻んでから料理に加えたい場合は解凍しましょう。和えものなどそのまま食べる場合は流水をかけて解凍、刻みたい場合はザルに入れて熱湯をかけて解凍します。かぼちゃなど火が入りづらいものは、電子レンジで加熱します。冷凍野菜を使った料理は再冷凍することも可能です。

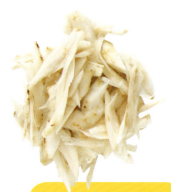

ごぼう
下処理
ささがきにして、生のまま冷凍する。

おすすめ調理法
煮もの、きんぴら、汁物、炊き込みごはん、炒めもの、かき揚げなど。

大根
下処理
いちょう切りにして、生のまま冷凍する。

おすすめ調理法
煮もの、汁物、甘酢漬けなど。

白菜
下処理
3〜4cmのざく切りにして、一口大に切る。生のまま冷凍する。

おすすめ調理法
煮もの、炒めもの、汁物、和えもの。刻んで餃子の具にしてもよい。

トマト
下処理
ざく切りにして、生のまま冷凍する。
おすすめ調理法
トマトソース、汁物など。

きゅうり
下処理
小口切りにして塩もみし、冷凍する。
おすすめ調理法
和えもの、炒めものなど。

小松菜
下処理
ざく切りにして、生のまま冷凍する。
おすすめ調理法
炒めもの、煮もの、汁物など。

キャベツ
下処理
2～3cm角のざく切りにして、生のまま冷凍する。
おすすめ調理法
炒めもの、和えもの、汁物。刻んでお好み焼きに入れても。

なす
下処理
半月切りにし、生のまま冷凍する。
おすすめ調理法
麻婆なすなどの炒めもの、汁物、カレーなど。

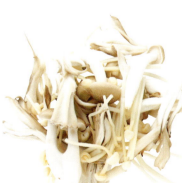

ニラ
下処理
ざく切りにして、生のまま冷凍する。
おすすめ調理法
炒めもの、汁物、煮ものなど。

きのこ
下処理
しめじはほぐし、えのきは半分の長さに切ってほぐす。エリンギは長さを半分にし端から薄切りにする。生のまま冷凍する。
おすすめ調理法
炒めもの、煮もの、炊き込みごはん、パスタの具、スープなど。

パプリカ
下処理
細切りにして、生のまま冷凍する。

おすすめ調理法
ピクルスなどの酢漬け、炒めもの、煮ものなど。

長ネギ
下処理
小口切りにして、生のまま冷凍する。

おすすめ調理法
チャーハンなどの炒めもの、みそ汁など。

にんじん
下処理
いちょう切りにして、生のまま冷凍する。

おすすめ調理法
炒めもの、汁物、炊き込みごはん、カレーなど。

ピーマン
下処理
乱切りにして、生のまま冷凍する。

おすすめ調理法
炒めもの、煮ものなど。

いんげん
下処理
塩ゆでしてざく切りにし、冷凍する。

おすすめ調理法
マリネなどの和えもの、汁物、煮もの、炊き込みごはんやチャーハンなど。

ブロッコリー
下処理
小房に分けて塩ゆでし、冷凍する。

おすすめ調理法
炒めもの、汁物、和えものなど。

セロリ
下処理
斜め薄切りにして、生のまま冷凍する。

おすすめ調理法
炒めもの、汁物、煮込み料理など。

玉ねぎ

下処理
薄切りにして、生のまま冷凍する。

おすすめ調理法
汁物、炒めものなど。炒めたらすぐにあめ色になるので、オニオンスープにもおすすめ。

オクラ

下処理
小口切りにして、生のまま冷凍する。

おすすめ調理法
和えもの、汁物、お浸し、そうめんの具など。

かぼちゃ

下処理
1cmの厚さの一口大にして、生のまま冷凍する。

おすすめ調理法
煮もの、スープに。グリルかフライパンで焼き、ドレッシングなどでマリネしてもおいしい。

もやし

下処理
ひげ根を取り、生のまま冷凍する。

おすすめ調理法
炒めもの、汁物、煮ものなど。

ほうれん草

下処理
ゆでてざく切りにし、冷凍する。

おすすめ調理法
炒めもの、和えもの、煮もの、パスタの具など。

長いも

下処理
すりおろして冷凍する。

おすすめ調理法
お好み焼きの具、汁物など。

アスパラガス

下処理
根元のかたい部分をピーラーでむき、生のまま冷凍する。

おすすめ調理法
炒めもの、煮もの、汁物など。

> 1歳半〜2歳

幼児食の「困った！」を解決Q&A

離乳食を卒業して、幼児食をスタートしたばかりの1歳半〜2歳は、いろいろな壁にぶつかりがち。よくある疑問をまとめてみました！

Q スプーンやフォークの使い方を教えても、**手づかみ**で食べてしまいます。なかなかステップアップできません。

A 個人差があるので、焦らなくて大丈夫。**手づかみ食べをたくさんしたほうが指先の感覚が養われる**ので、できれば手づかみ食べはいっぱいしたほうがよいのです。大人がスプーンやフォークを使っておいしそうに食べていれば、いずれ興味をもって、自分から「スプーンやフォークを使いたい」と思うようになります。

Q 口のなかに食べ物をため込み、**なかなか飲み込みません。**そのままべーっと出してしまうこともあり、困っています。

A 食材が噛み切りにくいとなかなか飲み込めません。**小さめに切ったり、やわらかめにゆでたり、噛みやすく飲み込みやすい工夫を。**それでもべーっとしてしまうなら、「もぐもぐごっくん」と声がけをしながら、飲み込むタイミングを教えてあげましょう。

Q 大人が口に運んであげると食べるのですが、**自分から料理に手を出しません。**どうやったら自分から食べるようになりますか？

A まず試してほしいのは、大人が笑顔でおいしそうに食事をすることです。お皿の盛りつけや彩りを工夫してもいいでしょう。**食べる意欲がわいてくるような、楽しい雰囲気作りを**してみてください。また、もしかしたら食材が大きすぎる、手づかみしづらいなどの理由があるのかもしれません。おにぎりやスティック状のおかずを用意して、様子をみてみましょう。

Q **新しい料理を出すとかならず拒否反応**を示します。結局、いつも同じような献立になってしまいます。

A **はじめて見る料理を警戒したり、拒否するのは、子どもにとってはごく当たり前のこと**です。とくに幼児食をはじめたばかりの時期は警戒心が強い時期。そんなときは「これは○○だよ」とよく食べている食材を使っていることを説明したり、大人が食べて見せたりして、安心させてあげましょう。かわいい形に盛りつけるのも有効です。また、はじめての食材は細かく切って慣れた食材に混ぜるところからスタートを。くりかえし食卓に出すことで、じょじょに慣れていきます。

Q 保育園では毎日お代わりをするらしいのに、家ではあまり食が進みません。家のごはんがおいしくないのでしょうか。

A 保育園ではお友だちといっしょにごはんを食べるので、**周りにつられてたくさん食べる子が多い**ようです。共同生活のなかで、みんなに合わせてがんばっているという側面もあるでしょう。保育園でがんばっているぶん、お家ではのんびりリラックスして、マイペースで食べられるよう見守ってあげたいものです。

Q 食べている最中に立ち上がったり歩き回ったり、まったく食事に集中しません。

A まず、**食事に集中できる環境を作ってあげましょう**。テレビがついていたら消し、気になるおもちゃは片づけます。イスやテーブルのセッティングも大切です。イスに座ったときに足がぶらぶらしていると、姿勢が悪くなって集中力が半減します。足の裏がしっかりと床や足置き場につくようにしてあげましょう。

Q おいもやかぼちゃ、コーンなど糖質の多い野菜が好きなのは、なにか理由があるのでしょうか。

A **人間は、甘み・うまみ・塩味の3つの味を本能的に好みます**。はじめて口にするものが母乳であることも関係しているようです。糖質の多い野菜にはほんのりとした甘みがあり、料理法によってはほんのりと塩味も添加されていて、自然と子どもが好む味になっているのでしょう。

Q 子どもはすっぱいものが苦手といいますが、うちの子は**すっぱいものが好き**です。これって、おかしいですか？

A **酸味は腐敗物などを見抜くシグナルであり、本能的には好まない**とされている味ですが、離乳食や幼児食でさまざまな味を経験することで味覚は養われていきます。酸味のある料理を食べた経験から、好む味に変わっていったということですから、とくにおかしいことではありません。

Q 薄味で作るとあまり食べないような気がします。いつまで薄味にすればいいのでしょうか？

A 子どもの味覚を育てるために、そして、まだまだ未熟な内臓機能に負担をかけないためにも、**就学まではなるべく薄味に**してあげましょう。だしをしっかりとったり、うまみの出る食材を使ったり、ごまや青のりなど風味がつくものをプラスするなど、調理法を工夫することで薄味でもおいしくなります。

Q レタスやキャベツなどの葉野菜が苦手です。どうすれば食べるようになりますか？

A えぐみや青臭さなど味や匂いの問題だけでなく、レタスやキャベツのペラペラして薄く、噛み切りにくい形状が苦手という子もいます。その子が**食べない理由を考えて、調理法を工夫**してみましょう。味や匂いが苦手なら、ひき肉や小麦生地に混ぜ込んでみるのがおすすめです。噛み切りにくいようであれば、やわらかくゆでたり、細かく刻んでみるのもよいでしょう。

Q 噛まずに丸呑みしてしまいます。

A 子どもは咀しゃく力が弱く、噛みにくい食材が苦手です。繊維の多い野菜は、繊維を断ち切るように切りましょう。根菜類は細かく刻んだりやわらかく加熱しましょう。逆に、==やわらかすぎることが原因で丸呑みする場合も==あります。その場合はあえて歯ごたえを残したり、前歯でかじり取る必要のある大きめのおかずを用意して「噛まないと食べられない」ようにするのも手です。

Q 体調が悪いときの食事について教えてください。

A 下痢や風邪の場合は、体内の水分が奪われてしまうので、水分補給をしっかりしてください。==食欲がないようなら食べさせる必要はありません==。体調が落ち着いて食欲が出てきたなら、うどんなどの消化のよいものをあげるようにしましょう。便秘には、海藻や乾物、いも類、きのこなど、食物繊維が豊富な食材が効果的です。

Q 食が細いのが気がかりです。たくさん食べてもらうにはどうしたら？

A まだまだ食べる量が少なかったり、食べムラがあってもしかたない時期。量を食べるかどうかより、==食べようとする意欲があるかどうかが大事==です。また、大人でも起きてすぐは食欲がなかったり、おやつを食べすぎたら夕飯が進まなかったりするもの。食事時間や生活リズムを見直すと、食べてくれるようになることもあります。気をつけたいのは、たくさん食べてほしいからといってお皿に大盛りにしてしまうこと。少なめに盛りつけて、完食できた達成感を味わってもらいましょう。お代わりする喜びにもつながります。

Q 食べものをふりまわしたり、手でぐちゃぐちゃにしたりします。遊び食べをやめさせるにはどうすれば？

A ==遊び食べはだれもが通る道で、ある程度はしかたないこと==です。食べもので遊んでいたら「それはお口にアーンするものだよ」などと声がけし、それでも遊ぶのであれば「じゃあごちそうさましようね」と食事を中断させましょう。そうすると子どもは「遊んでいると食事時間が終わってしまう」ことに気づきます。「まだ食べたいなら、遊ばずに食べてね」と教えて、再スタートさせましょう。食べることや味に飽きて遊んでしまう子には、目の前でごはんをおにぎりにしてあげたり、のりで巻いてあげたりと、簡単なアレンジを加えると食べることもあります。

Q とにかくたくさん食べます。食べたいだけ食べさせてもいいのでしょうか。

A 脳の満腹中枢がまだ十分に発達していない時期なので、==「おなかいっぱい」という感覚が自分でわからない==ときがあります。発達曲線の上限から大きく外れていたり、急激に体重が増加する場合は食べすぎかもしれません。食事内容を見直しましょう。野菜の割合を増やしたり、根菜などの噛みごたえのあるものをとり入れたりして、しっかり咀しゃくしてゆっくりペースで食べる食習慣を心がけるのもひとつの方法です。

③歳〜⑤歳の レシピ

3歳〜5歳 主菜

冷蔵 日持ち3日

肉や魚、豆腐などのたんぱく質がしっかりとれる主菜レシピ。
煮ものや炒めもののほか、南蛮漬けやポン酢しょうゆなどの酸味もとり入れています。

ソーセージとかぶのポトフ

ソーセージのうまみがしみる洋風煮もの

材料(大人2人＋子1人)×1食分

ソーセージ	8本
かぶ	3個(180g)
にんじん	½本(80g)
ブロッコリー	⅓個(80g)
A 水	3カップ
洋風スープの素	小さじ1
ローリエ	1枚
塩	小さじ¼

作り方

1 ソーセージは斜め半分、かぶは茎を2cm残してくし形切り、にんじんは4cm長さに切って4つ割りにする。ブロッコリーは小房に分ける。

2 鍋でAを煮立てて1を入れ、野菜がやわらかくなるまで10分ほど煮る。

調理 20分

たらのハニーマヨ和え

マヨ和えならたらもパサつかない！

材料(大人2人＋子1人)×1食分

たら	3切れ(270g)
塩	少々
酒	大さじ1
小麦粉	適量
A マヨネーズ	大さじ2
はちみつ	小さじ1
サラダ油	適量

作り方

1 たらは骨と皮を除いて一口大に切り、塩、酒をふる。水気をふき取り小麦粉を薄くまぶす。

2 フライパンに1cmほどサラダ油を入れて熱し、たらを入れる。3〜4分ほど揚げ焼きにし、火が通ったら油をきって、混ぜておいたAでさっと和える。

調理 15分

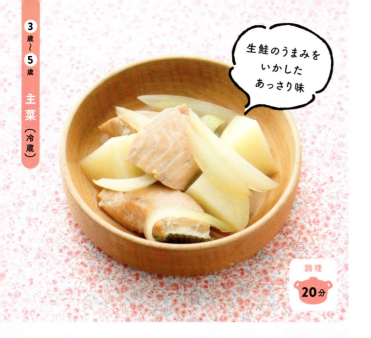

生鮭のうまみをいかしたあっさり味

鮭とじゃがいもの塩煮

材料(大人2人＋子1人)×1食分

鮭	3切れ(270g)
じゃがいも	2個(300g)
玉ねぎ	½個(100g)
塩	少々
オリーブ油	大さじ½
A だし汁	1と½カップ
酒	大さじ1
しょうゆ	小さじ½
塩	小さじ¼

作り方

1 鮭は骨を取り除き、一口大のそぎ切りにして塩をふる。じゃがいもは一口大に切り、玉ねぎは1cm幅のくし形切りにする。

2 鍋にオリーブ油を熱し、鮭を焼く。焼き目がついたら一度取り出し、野菜を加えて炒める。油がまわったら**A**と鮭を戻し入れ、落としぶたをして煮汁が少なくなるまで8分ほど煮る。

調理 20分

メカジキはたらに変えても◎

メカジキとかぼちゃのカレーチーズ炒め

材料(大人2人＋子1人)×1食分

メカジキ	3切れ(270g)
かぼちゃ	⅙個(250g)
酒	大さじ½
塩	少々
オリーブ油	大さじ½
A カレー粉、塩	各小さじ¼
粉チーズ	大さじ1

作り方

1 メカジキは一口大に切って酒、塩をふり水気をふき取る。かぼちゃは1cm厚さの一口大に切り、ラップをかけてレンジで2〜3分加熱する。

2 フライパンにオリーブ油を熱し、メカジキを焼く。火が通ったらかぼちゃを入れてさっと炒め、**A**を加えて炒め合わせる。

調理 15分

子どものための酸味控えめ南蛮漬け

たらの南蛮漬け

材料(大人2人＋子1人)×1食分

たら	3切れ(270g)
玉ねぎ	¼個(50g)
にんじん	⅙本(30g)
塩	少々
酒	大さじ½
片栗粉	適量
A だし汁	大さじ4
酢	大さじ3
しょうゆ、砂糖	各大さじ1と½
サラダ油	適量

作り方

1 たらは一口大に切って塩、酒をふり10分ほどおく。水気をふき取り片栗粉を薄くまぶす。玉ねぎは薄切り、にんじんは5cm長さのせん切りにする。保存容器に**A**を合わせておく。

2 フライパンにサラダ油小さじ1を熱し、玉ねぎ、にんじんを炒め、**A**に漬ける。

3 2のフライパンに多めのサラダ油を熱し、たらを入れる。4〜5分揚げ焼きにして**A**に加える。

調理 15分

手羽元と大根のさっぱり煮

材料(大人2人+子1人)×1食分
- 手羽元……………7本(420g)
- 大根………………¼本(300g)
- 大根の葉…………適量
- サラダ油…………大さじ½
- A
  - 水……………1カップ
  - 酒……………大さじ2
  - 酢、砂糖……各大さじ1
  - しょうゆ、みりん
    ……………各大さじ1と½

> お酢を加えて煮ることで、身離れがよく食べやすくなります。

作り方
1. 大根は2cm厚さのいちょう切りにして、ラップをかけてレンジで2〜3分加熱する。大根の葉は小口切りにする。
2. 鍋にサラダ油を熱し、手羽元を焼きつける。大根を加えてさっと炒め、Aを加える。沸騰したらアクを取り弱火にし、落としぶたをして15分ほど煮る。最後に大根の葉を加えてさっと煮る。

2日目以降は酸味がまろやかに

調理 25分

鶏肉とにんじんのおろし煮

材料(大人2人+子1人)×1食分
- 鶏もも肉…………大1枚(300g)
- にんじん…………⅓本(60g)
- 大根………………⅛本(150g)
- サラダ油…………大さじ½
- A
  - だし汁………1カップ
  - しょうゆ、みりん、酒
    ……………各大さじ1
  - 塩……………少々

作り方
1. 鶏肉は一口大に切る。にんじんは4cm長さの短冊切りにする。大根はすりおろし、軽く汁気をきる。
2. 鍋にサラダ油を熱し、鶏肉を焼く。にんじんを加えてさっと炒め、Aを加える。沸騰したらアクを取って弱火にし、フタをして8分ほど煮る。やわらかくなったら大根おろしを加えてさっと煮る。

仕上げの大根おろしで味がからむ!

調理 20分

豚肉と小松菜のポン酢しょうゆ和え

材料(大人2人+子1人)×1食分
- 豚しゃぶしゃぶ用肉………250g
- 小松菜……………1袋(200g)
- 酒…………………大さじ2
- A
  - ポン酢しょうゆ…大さじ2
  - オリーブ油………大さじ1
  - だし汁……………大さじ½

> ポン酢しょうゆをだし汁で割ることで、酸味もまろやかになり、子どもでも食べやすくなります。

作り方
1. 小松菜は5cm長さに切り、鍋に湯を沸かして1〜2分ゆでる。しんなりしたらザルにあげる。
2. 1の鍋に酒を加え、豚肉を1枚ずつ広げて入れてさっとゆでる。
3. 1、2の粗熱がとれたら水気をきり、ボウルに入れてAを加えて和える。

手早くできて栄養たっぷり

調理 15分

3歳〜5歳 主菜（冷蔵）

豚肉の豆腐巻き角煮風

ソフトな食感で食べやすい

材料（大人2人＋子1人）×1食分
- 豚ばら肉 …… 12枚（240g）
- 木綿豆腐 …… 1丁（300g）
- かぶ …… 2個（120g）
- かぶの葉 …… 1個分
- 小麦粉 …… 適量
- サラダ油 …… 大さじ½
- A だし汁 …… 1カップ
- 　酒、砂糖 …… 各大さじ1
- 　しょうゆ、みりん …… 各大さじ1と½

調理 30分

作り方
1. 豆腐はペーパータオルに包んでレンジで2分加熱し、12等分に切る。かぶは8等分のくし形切りにし、葉は5cm長さのざく切りにする。
2. 豚肉に豆腐をのせてくるくると巻き、小麦粉を薄くまぶす。
3. 鍋にサラダ油を熱し、2の巻きとじを下にして焼く。かぶを加えて炒めAを入れる。沸騰したらアクを取って弱火にし、落としぶたをして10分ほど煮る。かぶの葉を加えてさっと煮る。

牛肉とほうれん草の甘辛炒め

これならほうれん草もペロッと完食

材料（大人2人＋子1人）×1食分
- 牛切り落とし肉 …… 250g
- ほうれん草 …… 1袋（200g）
- 大豆水煮 …… 1袋（55g）
- A 塩 …… 少々
- 　酒 …… 小さじ1
- 　片栗粉 …… 大さじ½
- サラダ油 …… 大さじ½
- B しょうゆ、酒、みりん …… 各小さじ2
- 　砂糖 …… 小さじ½

調理 15分

作り方
1. 牛肉は一口大に切ってAをそれぞれもみ込む。ほうれん草はゆでて水にさらし、水気をきって5cm長さに切る。
2. フライパンにサラダ油を熱し、牛肉を炒める。色が変わったらほうれん草、大豆を加えてさっと炒め、Bを加えてからめる。

チャプチェ

もちもち食感の春雨は子どもも大好き

材料（大人2人＋子1人）×1食分
- 牛切り落とし肉 …… 200g
- にんじん …… ¼本（40g）
- ピーマン …… 3個（75g）
- 春雨 …… 60g
- ごま油 …… 大さじ½
- A 水 …… ¾カップ
- 　しょうゆ、オイスターソース …… 各大さじ½
- 　砂糖、酒 …… 各小さじ1
- 　すりごま …… 小さじ2

調理 20分

作り方
1. 牛肉は一口大に切る。にんじんは4cm長さの短冊切り、ピーマンは細切りにする。春雨はゆでて、食べやすい長さに切る。
2. フライパンにごま油を熱し、牛肉を炒める。色が変わったらにんじん、ピーマンを加えて炒め、しんなりしたらAを加える。
3. 沸騰したら春雨を加え、汁気がなくなるまで炒め煮にする。

高野豆腐のそぼろあんかけ

材料（大人2人＋子1人）×1食分

高野豆腐		3枚(50g)
A	鶏ひき肉	100g
	だし汁	1と¼カップ
	しょうゆ、砂糖	各小さじ1
	みりん	大さじ1
	塩	小さじ⅛
B	片栗粉	小さじ½
	水	小さじ1

作り方

1 高野豆腐は水で戻し、4等分に切る。

2 鍋に **A** を入れてよく混ぜ、火にかける。混ぜながら煮て、沸騰したら弱火にし、**1** を入れる。落としぶたをしてさらにフタをし、8分ほど煮る。

3 **B** を加えてとろみをつける。

甘めの鶏そぼろあんがおいしい

調理 20分

鶏肉とパプリカのオムレツ

材料（大人2人＋子1人）×1食分

鶏むね肉		100g
ピーマン		2個(50g)
赤パプリカ		¼個(40g)
卵		3個
塩		少々
A	粉チーズ	大さじ1
	塩	少々
	牛乳	大さじ1と½
オリーブ油		大さじ1

作り方

1 鶏肉は1cm角に切って塩をふる。ピーマン、パプリカも1cm角に切る。卵を溶きほぐし、**A** を加えて混ぜる。

2 フライパンにオリーブ油を熱し、鶏肉を炒める。火が通ったらピーマン、パプリカを加えて炒め、**1** の卵液を流し入れる。へらなどで大きく混ぜながら半熟状に火を通し、丸く形をととのえる。

3 焼き色がついたら裏返し、フタをして1〜2分蒸し焼きにする。

粉チーズ入りこっくりオムレツ

調理 20分

厚揚げとアスパラ、しいたけのみそ炒め

材料（大人2人＋子1人）×1食分

厚揚げ		1枚(200g)
アスパラガス		5本(65g)
しいたけ		6枚(90g)
サラダ油		大さじ½
A	みそ、酒、だし汁	各大さじ1
	砂糖	大さじ½

作り方

1 厚揚げは一口大に切る。アスパラは下⅓の皮をピーラーでむき、1cm幅の斜め切りにする。しいたけは1cm厚さに切る。

2 フライパンにサラダ油を熱し、厚揚げ、アスパラ、しいたけを炒める。火が通ったら **A** をまわし入れて炒め合わせる。

ボリュームも栄養も満点！

調理 15分

ささみと豆腐のねぎ塩炒め

材料（大人2人+子1人）×1食分
- 鶏ささみ肉 …………… 6本(300g)
- 木綿豆腐 ……………… ½丁(150g)
- 長ねぎ ………………… ¼本(25g)
- ピーマン ……………… 3個(75g)
- A
  - 塩 …………………… 少々
  - 酒 …………………… 大さじ1
  - 片栗粉 ……………… 大さじ½
- ごま油 ………………… 大さじ½
- しょうがみじん切り …… ½片(4g)
- B
  - 酒 …………………… 大さじ1
  - 鶏がらスープの素 …… 小さじ½
  - 塩 …………………… 小さじ⅙

作り方
1. ささみはそぎ切りにしてAをそれぞれもみ込む。豆腐はペーパータオルに包んでレンジで2分加熱し、食べやすい大きさに切る。長ねぎはみじん切り、ピーマンは乱切りにする。
2. フライパンにごま油を半量熱し、ささみを炒める。火が通ったら一度取り出し、残りのごま油を熱して長ねぎ、ピーマン、しょうがを炒め、豆腐、ささみを入れる。Bを加えて炒める。

調理 15分

> 片栗粉がささみをしっとりさせる

3歳～5歳 主菜（冷蔵）

豚肉と白菜のとろみ炒め

材料（大人2人+子1人）×1食分
- 豚切り落とし肉 ………… 200g
- 白菜 …………………… 2枚(200g)
- A
  - 酒 …………………… 大さじ1
  - 片栗粉 ……………… 小さじ1
  - 塩 …………………… 少々
- サラダ油 ……………… 大さじ½
- B
  - 水 …………………… ¼カップ
  - 鶏がらスープの素、片栗粉 …… 各小さじ½
  - 塩 …………………… 小さじ¼

作り方
1. 豚肉は一口大に切ってAをそれぞれもみ込む。白菜は5cm長さに切って細切りにする。
2. フライパンにサラダ油を熱し、豚肉を炒める。色が変わったら白菜を加えて炒め、Bを加えてからめる。

ごはんや焼きそばのめんにかけてもおいしく、おすすめです。

調理 20分

> とろ～りと後をひくおいしさ!

豚肉の甘酢炒め

材料（大人2人+子1人）×1食分
- A
  - 豚ひき肉 …………… 250g
  - 塩 …………………… 少々
  - ねぎみじん切り …… 10cm分(20g)
  - 酒、片栗粉 ………… 各小さじ2
- れんこん ……………… ½節(150g)
- にんじん ……………… ⅔本(100g)
- サラダ油 ……………… 大さじ1
- B
  - 水 …………………… 大さじ4
  - 砂糖 ………………… 小さじ2と½
  - しょうゆ、酢 ……… 各小さじ2
  - ケチャップ ………… 小さじ1
  - 片栗粉 ……………… 小さじ½

作り方
1. ボウルにAを入れてよく練り合わせ、15等分にして丸める。れんこん、にんじんは5mm厚さのいちょう切りにし、れんこんは水にさらす。
2. フライパンに半量のサラダ油を熱しAを焼く。焼き色がついたら裏返してフタをし、弱火で3～4分蒸し焼きにする。火が通ったら一度取り出す。
3. 2のフライパンを軽くふいて残りのサラダ油を熱し、れんこん、にんじんを炒める。2を戻し入れ、Bを加えてからめる。

調理 20分

> 肉団子の代わりに鶏肉や鮭でも

豆腐ハンバーグ

材料（大人2人＋子1人）×1食分

- 木綿豆腐 …………… ½丁（150g）
- 玉ねぎ ……………… ⅓個（65g）
- A
  - 鶏ひき肉 …………… 200g
  - 卵 …………………… ½個
  - 塩 …………………… 小さじ¼
  - 片栗粉 ……………… 大さじ2
- サラダ油 …………… 大さじ½
- B
  - しょうゆ、みりん …… 各小さじ2
  - 酒、だし汁 ………… 各大さじ1
  - 砂糖 ………………… 小さじ½

作り方

1. 豆腐はキペーパータオルに包んでレンジで2分加熱し、粗熱をとる。玉ねぎはみじん切りにする。
2. ボウルに**1**と**A**を入れてよく練り合わせ、5等分にし小判形にする。
3. フライパンにサラダ油を熱し、**2**を焼く。焼き色がついたら裏返してフタをし、弱火で4分ほど蒸し焼きにする。火が通ったら**B**を加えてからめる。

調理 20分

よーく練り合わせるのがおいしさのコツ

蒸し鶏とキャベツのレモンしょうゆ和え

材料（大人2人＋子1人）×1食分

- 鶏むね肉 …………… 小1枚（200g）
- キャベツ …………… ⅕個（250g）
- 塩 …………………… 少々
- 酒 …………………… 大さじ1
- A
  - オリーブ油 ………… 大さじ1
  - レモン汁、しょうゆ … 各小さじ2
  - かつお節 …………… 4g

鶏むね肉は脂身が少ないので、温め直さず、そのままでもおいしい！

作り方

1. 鶏肉は塩、酒をふりラップをかけ、レンジで2〜3分加熱する。火が通ったら食べやすく切る。
2. キャベツは3〜4cm角に切り、ラップをかけてレンジで1〜2分加熱する。しんなりしたら水気を絞る。
3. ボウルに**1**と**2**を入れ、**A**を加えて和える。

レモンの香りがさわやか！

調理 10分

なすのはさみ焼き

材料（大人2人＋子1人）×1食分

- なす ………………… 3本（240g）
- A
  - 豚ひき肉 …………… 90g
  - 玉ねぎ ……………… ¼個（50g）
  - 片栗粉、酒 ………… 各大さじ½
  - 塩 …………………… 少々
- 片栗粉 ……………… 適量
- サラダ油 …………… 大さじ½
- バター ……………… 10g
- B
  - だし汁、しょうゆ、酒、みりん …… 各大さじ½

作り方

1. なすは1cmの輪切りに、玉ねぎはみじん切りにする。
2. ボウルに**A**を入れてよく練り合わせる。なすの水気をふき取り、片面に片栗粉を薄くふって**A**をはさむ。
3. フライパンにサラダ油を熱し**2**を入れて焼く。焼き色がついたら裏返してフタをし、弱火で4分ほど蒸し焼きにする。バター、**B**を加えてからめる。

なすと油と豚肉は相性バツグン

調理 20分

ごはんが進むオイスター味！

ささみとブロッコリーのオイスター炒め

材料（大人2人＋子1人）×1食分

鶏ささみ肉	6本(300g)
ブロッコリー	½個(100g)
長ねぎ	½本(45g)
塩	少々
サラダ油	大さじ½
A 酒	大さじ1
オイスターソース	小さじ2
しょうゆ	小さじ1
砂糖	大さじ½

調理 15分

作り方

1. ささみは筋を取り除き、一口大のそぎ切りにして塩をふる。ブロッコリーは小房に分けてラップをかけ、レンジで1〜2分加熱する。長ねぎは5mm幅の斜め切りにする。

2. フライパンにサラダ油を熱し、ささみを炒める。色が変わったらブロッコリーと長ねぎを加えて炒める。全体がしんなりしたら、Aを加えて炒める。

煮ものにも隠しオイスター

豚肉としいたけ、にんじんのオイスター煮

材料（大人2人＋子1人）×1食分

豚こま切れ肉	200g
しいたけ	4枚(100g)
にんじん	⅔本(120g)
A 塩	少々
酒、片栗粉	各大さじ½
サラダ油	大さじ½
B 水	1カップ
オイスターソース	小さじ2
酒	大さじ1
砂糖	小さじ1

調理 20分

作り方

1. 豚肉は一口大に切ってAをそれぞれもみ込む。しいたけは4等分、にんじんは小さめの乱切りにする。

2. 鍋にサラダ油を熱し、豚肉を炒める。色が変わったらしいたけ、にんじんを加えて炒め、油がまわったらBを加え、アクを取って弱火にし、落としぶたをして10分ほど煮る。

細切り大根にうまみがしみる

牛肉と大根のすき煮

材料（大人2人＋子1人）×1食分

牛切り落とし肉	250g
大根	¼本(300g)
サラダ油	大さじ½
A 水	¾カップ
酒、みりん、しょうゆ	各大さじ1
砂糖	小さじ1

調理 20分

作り方

1. 牛肉は一口大に切る。大根は7cm長さに切って5mm幅の細切りにする。

2. 鍋にサラダ油を熱し、牛肉を炒める。色が変わったら大根を加えてさっと炒め、Aを加える。

3. アクを取って弱火にし、落としぶたをして10分ほど煮る。

鮭とチンゲン菜の豆乳みそ煮

材料（大人2人＋子1人）×1食分
鮭	3切れ(270g)
チンゲン菜	1株(150g)
玉ねぎ	½個(100g)
塩	少々
小麦粉	適量
サラダ油	大さじ½
A　だし汁	⅔カップ
みそ、みりん、酒	各大さじ1
しょうゆ	小さじ½
豆乳	½カップ

作り方
1 鮭は一口大のそぎ切りにして塩をふり、小麦粉を薄くまぶす。チンゲン菜は3cm幅に切る。玉ねぎは1cmのくし形切りにする。

2 フライパンにサラダ油を熱し、鮭を焼く。焼き色がついたらチンゲン菜、玉ねぎを加えて炒める。さらにAを入れてフタをし、弱火で4〜5分煮る。野菜がやわらかくなったら豆乳を加えてさっと煮る。

豆乳とみそを合わせたマイルド味

調理 20分

豚肉と白菜の梅煮

材料（大人2人＋子1人）×1食分
豚切り落とし肉	250g
白菜	3枚(300g)
梅干し	1個
A　だし汁	1カップ
しょうゆ、みりん	各小さじ2
塩	少々

作り方
1 豚肉は一口大に切る。白菜は2cm幅のそぎ切りにする。梅干しは種をとってちぎる。

2 鍋にAを煮立てて豚肉を入れる。豚肉の色が変わったら梅干し、白菜を入れる。フタをして弱火にし、ときどきかき混ぜながら10分ほど煮る。

調理 20分

梅の酸味でさっぱりと食べられる

牛肉となすのケチャップチーズ蒸し

材料（大人2人＋子1人）×1食分
牛切り落とし肉	200g
なす	2本(160g)
玉ねぎ	½個(100g)
塩	少々
オリーブ油	大さじ1
A　水	大さじ2
ケチャップ、酒	各大さじ1
しょうゆ	大さじ½
砂糖	小さじ1
ピザチーズ	50g

作り方
1 牛肉は一口大に切って塩をふる。なすは1cm幅の半月切りにし、水にさらす。玉ねぎは5mm幅の薄切りにする。

2 フライパンに半量のオリーブ油を熱し、牛肉を炒める。火が通ったら一度取り出す。

3 残りのオリーブ油を熱し、なすと玉ねぎを炒める。しんなりしたら2を戻し入れ、Aを加えてさっとからめる。仕上げにチーズをのせ、フタをして弱火で蒸し焼きにする。

ケチャップとチーズの黄金コンビ！

調理 20分

3歳〜5歳 主菜(冷蔵)

くせのある食材も甘辛味ならペロリ

さばとピーマンの甘辛炒め

材料（大人2人＋子1人）×1食分
- さば……3切れ（270g）
- ピーマン……4個（100g）
- 塩……少々
- 小麦粉……適量
- サラダ油……大さじ½
- A しょうゆ……小さじ2
- 　酒……大さじ1
- 　みりん、砂糖……各小さじ1

作り方
1. さばは2cmのそぎ切りにし、塩をふり小麦粉を薄くまぶす。ピーマンは細切りにする。
2. フライパンにサラダ油を熱し、さばを焼く。焼き色がついたらピーマンを加えて炒め、しんなりしたらAを加えてからめる。

調理 15分

細切りにんじんがいいアクセント

牛肉とにんじんのさっぱり炒め

材料（大人2人＋子1人）×1食分
- 牛切り落とし肉……250g
- にんじん……⅔本（100g）
- A 酒……大さじ1
- 　片栗粉……大さじ½
- 　塩……少々
- サラダ油……大さじ½
- B だし汁……小さじ2
- 　ポン酢しょうゆ……大さじ1と½
- 　砂糖……小さじ½

作り方
1. 牛肉は小さめの一口大に切りAをそれぞれもみ込む。にんじんは細切りにする。
2. フライパンにサラダ油を熱し、牛肉を炒める。色が変わったらにんじんを加えて炒め、しんなりしたらBを加えてからめる。

調理 15分

淡泊なたらが洋風に変身！

たらとコーンのケチャップ炒め

材料（大人2人＋子1人）×1食分
- たら……3切れ（270g）
- 赤パプリカ……1個（150g）
- コーン……1缶（65g）
- 塩……少々
- 小麦粉……適量
- バター……10g
- A ケチャップ……大さじ2
- 　しょうゆ……大さじ½
- 　酒……大さじ1
- 　砂糖……小さじ½

作り方
1. たらは一口大のそぎ切りにし、塩をふり小麦粉を薄くまぶす。パプリカは1cm角に切る。
2. フライパンにバターを熱してたらを焼く。焼き色がついたらパプリカを加えて炒め、しんなりしたらコーン、Aを加えてからめる。

調理 15分

3歳〜5歳 主菜

冷凍　日持ち2週間

汁気の少ないものや、揚げものは冷凍に向いています。
揚げものは、トースターで温めれば揚げたてのようなサクッと感！

手羽元と里いもの煮もの

材料（大人2人＋子1人）×2食分
- 手羽元 ………… 14本(840g)
- 里いも ………… 8個(480g)
- 塩 ……………… 少々
- サラダ油 ……… 大さじ1
- A｜水 ………… 2カップ
  ｜しょうゆ、酒、みりん
  　　　　　　 各大さじ2
  ｜砂糖 ……… 小さじ4

作り方
1. 里いもは1cm厚さの半月切りにし、塩もみする。さっと洗って耐熱皿に並べ、ラップをかけてレンジで2分加熱する。
2. 鍋にサラダ油を熱し、手羽元を焼く。焼き色がついたらAを加え、沸騰したら里いもを入れる。落としぶたをし、弱火で12分ほど煮る。

里いもの自然なとろみがおいしい

調理 30分

鮭のアーモンドフライ

材料（大人2人＋子1人）×2食分
- 鮭 ……………… 6切れ(540g)
- 塩 ……………… 小さじ1/3
- A｜小麦粉、水 … 各大さじ6
- アーモンドスライス … 140g
- 揚げ油 ………… 適量

食べるときはトースターで温めると、アーモンドがカリッとして揚げたてのような食感。

作り方
1. 鮭は骨と皮を取り除いて一口大に切り、塩をふる。
2. バットにAを混ぜ合わせ、1をからめてアーモンドスライスをまぶす。
3. 鍋に揚げ油を熱し、2を入れる。カリッとして火が通るまで3〜4分揚げる。

お好みでケチャップをつけても

調理 20分

3歳〜5歳 主菜（冷凍）

味の決め手はかつお節

ブロッコリーの肉巻き

材料（大人2人＋子1人）×2食分
- 豚薄切り肉……………20枚（400g）
- ブロッコリー……………1個（200g）
- スライスチーズ……………4枚
- 塩………………………小さじ½
- サラダ油…………………大さじ1
- かつお節……………………8g

作り方
1. ブロッコリーは20等分に切ってラップをかけ、レンジで1〜2分加熱する。スライスチーズは1枚を5等分に切る。
2. 豚肉に塩小さじ¼をふりスライスチーズをのせ、ブロッコリーを巻く。
3. フライパンにサラダ油を熱し、2の巻きとじを下にして焼く。全体を転がしながら焼き色をつける。塩小さじ¼、かつお節をふってからめる。

調理20分

ごはんが何杯でも食べられちゃう

いわしの中華風照り焼き

材料（大人2人＋子1人）×2食分
- いわし………………10尾（500g）
- 小麦粉……………………適量
- サラダ油…………………大さじ1
- A
  - 酒、水……………各大さじ2
  - オイスターソース、みりん…………各小さじ4
  - 砂糖…………………小さじ1
  - おろしにんにく……………少々

作り方
1. いわしは小骨を取り除き、半分に切って小麦粉を薄くまぶす。
2. フライパンにサラダ油を熱し、いわしを焼く。焼き色がついたら裏返し、2〜3分焼く。火が通ったらAを加えてからめる。

食べるときには残っている小骨に気をつけてあげてください。

調理20分

カレー味は子どもが大好きな鉄板味！

さばのカレー竜田揚げ

材料（大人2人＋子1人）×2食分
- さば……………………2尾（600g）
- A
  - 酒……………………大さじ2
  - しょうゆ………………小さじ4
  - しょうがしぼり汁……小さじ1
  - カレー粉………………小さじ½
- 片栗粉、揚げ油……………各適量

作り方
1. さばは骨を取り除き、2cm幅に切る。ボウルに入れたAにさばをからめ10分置く。
2. 1の水気をふき取り、片栗粉を薄くまぶす。
3. 鍋に揚げ油を熱し、2を入れる。火が通るまで2〜3分カリッと揚げる。

トースターで温めるとパリッとした食感に仕上がります。

調理25分

ぶりのパン粉焼き

材料（大人2人＋子1人）×2食分
- ぶり……………… 6切れ（480g）
- 塩………………… 小さじ⅓
- マヨネーズ……… 大さじ2
- A
  - 青のり、オリーブ油 ……… 各小さじ1
  - パン粉 …………… ½カップ

作り方
1. ぶりは塩をふって10分ほどおき、水気をふき取る。Aは混ぜておく。
2. トースターの天板にぶりをのせ、5分ほど焼く。一度取り出してマヨネーズを塗り、Aをのせてさらに3分焼く。

パサつきがちな魚料理は、マヨネーズを使うと油分でしっとり仕上がります。トースターで温めるとパリッとした食感に。

青のりの香りのサクサクパン粉

調理 20分

あじのさんが焼き

材料（大人2人＋子1人）×2食分
- あじ……………… 6尾（400g）
- 長ねぎ…………… 10cm分（30g）
- いんげん………… 6本（48g）
- A
  - みそ…………… 小さじ⅔
  - 酒、片栗粉…… 各大さじ1
  - しょうがすりおろし ………………… 小さじ½
  - 白ごま………… 小さじ2
- サラダ油………… 大さじ1

作り方
1. あじは小骨を取り除き、細かくたたく。長ねぎはみじん切りにする。いんげんはラップをかけてレンジで30～40秒加熱し1cm幅に切る。
2. ボウルに1、Aを入れてよく練り合わせる。16等分にして小判形にする。
3. フライパンにサラダ油を熱し、2を焼く。焼き色がついたら裏返してフタをし、弱火で2～3分蒸し焼きにする。

骨の多いあじは細かく叩こう

調理 30分

鶏肉の柚香焼き

材料（大人2人＋子1人）×2食分
- 鶏もも肉………… 大2枚（600g）
- A
  - しょうゆ、みりん、だし汁、ゆずしぼり汁 …各大さじ2

作り方
1. 鶏肉は1枚を5等分に切る。1時間以上Aに漬け込む。
2. グリルを熱して1を入れ、火が通るまで7～8分焼く。

漬けた状態で冷凍し、食べるときに焼いてもOK。

ゆずの香りが食欲をそそる

調理 20分

（※漬け込む時間はのぞく）

3歳〜5歳 主菜（冷凍）

ささみとアスパラののり巻き天ぷら

火の通りが早い食材だからささっと完成

調理 25分

材料（大人2人＋子1人）×2食分
- 鶏ささみ肉……12本(600g)
- アスパラガス……12本(160g)
- のり……1枚
- 塩……小さじ1/3
- A｜てんぷら粉……100g
- 　｜水……160ml
- 揚げ油……適量

トースターで温めるとべたつきを防げます。食べるときはめんつゆを添えて。

作り方
1. ささみは筋を取り除き、斜め3等分に切り塩をふる。アスパラは下1/3の皮をピーラーでむき、3等分に切る。のりは36等分に切る。
2. ささみとアスパラをのりで巻く。
3. 鍋に揚げ油を熱し、2をAにくぐらせてカリッとするまで2〜3分揚げ、油をきる。

豚肉のれんこん巻きピカタ

さくさくの食感が楽しい

調理 30分

材料（大人2人＋子1人）×2食分
- 豚ロース薄切り肉……20枚(400g)
- れんこん……1節(240g)
- 卵……4個
- A｜粉チーズ……大さじ2
- 　｜塩……少々
- 塩……小さじ1/3
- 小麦粉……適量
- サラダ油……大さじ1

食べるときは少量のケチャップをのせてください。

作り方
1. れんこんは7〜8mm厚さの半月切りにして水にさらす。卵を溶きほぐし、Aを加えて混ぜる。
2. 豚肉に塩をふり、肉1枚につき水気をきったれんこん一切れをのせて巻く。残りも同様に巻き、小麦粉を薄くまぶす。
3. フライパンにサラダ油を熱し、2を卵液にくぐらせて焼く。焼き色がついたら裏返してフタをし、弱火で4〜5分蒸し焼きにする。

鶏肉の唐揚げ

子どもが好きな定番料理といえばコレ

調理 20分
（※漬け込む時間は除く）

材料（大人2人＋子1人）×2食分
- 鶏もも肉……大2枚(600g)
- A｜しょうがしぼり汁……大さじ1
- 　｜酒、しょうゆ……各大さじ2
- 片栗粉、揚げ油……各適量

食べるときは、トースターで温めるとカリッとした仕上がりになります。

作り方
1. 鶏肉は小さめの一口大に切る。ボウルに入れAを加えてもみ込み、30分以上漬け込む。
2. 1の水気をきり片栗粉を薄くまぶし、鍋に熱した揚げ油で揚げる。火が通ってカリッとするまで3〜4分揚げる。

バーベキューチキン

材料（大人2人＋子1人）×2食分

- 手羽中 ……………… 30本(500g)
- A
  - おろし玉ねぎ、オイスターソース …… 各大さじ2
  - ケチャップ …………… 小さじ4
  - しょうゆ、はちみつ …… 各小さじ2

作り方

1. 手羽中をボウルに入れAを加えてもみ込み、1時間以上漬け込む。
2. トースターに1を並べ、火が通るまで7〜8分焼く。

食べるときはトースターで温めると、パリッとした食感になります。

調理 15分（※漬け込む時間はのぞく）

鶏肉のレモンマリネソテー

材料（大人2人＋子1人）×2食分

- 鶏もも肉 ……………… 大2枚(600g)
- A
  - レモン汁 …………… 大さじ2
  - 塩 …………………… 小さじ1
  - にんにく薄切り … 2片分(16g)
  - オリーブ油 ………… 大さじ2
- 玉ねぎ ……………… 1個(200g)
- オリーブ油 …………… 大さじ1

作り方

1. 鶏肉は一口大に切る。ボウルに入れAを加えてもみ込み、1時間以上漬け込む。玉ねぎは1cm幅のくし形切りにする。
2. フライパンにオリーブ油を熱し、鶏肉を焼く。焼き色がついたら裏返して、玉ねぎを加えて炒める。フタをしてときどき全体を混ぜながら、火が通るまで2〜3分蒸し焼きにする。

調理 20分（※漬け込む時間はのぞく）

アスパラの肉巻き

材料（大人2人＋子1人）×2食分

- 豚ロース薄切り肉 … 24枚(480g)
- アスパラガス ……… 16本(200g)
- 小麦粉 ……………… 適量
- サラダ油 …………… 大さじ1
- A
  - 酒 …………………… 大さじ2
  - しょうゆ、みりん …… 各小さじ4
  - 砂糖 ………………… 小さじ1

作り方

1. アスパラは下1/3の皮をピーラーむき、3等分に切る。ラップをかけてレンジで1〜2分加熱する。
2. 豚肉にアスパラをのせてくるくると巻き、小麦粉を薄くまぶす。
3. フライパンにサラダ油を熱し、2の巻きとじを下にして焼く。全体を転がしながら焼き色をつけ、フタをして1〜2分蒸し焼きにする。火が通ったらAを入れてからめる。

調理 25分

そのまま手でつかんでガブリ！

口の中でジュワッと弾けるジューシーチキン

アスパラの緑の断面がきれい

3歳～5歳 主菜（冷凍）

見た目も
ユニークな
豚コマ団子

豚肉の甘辛揚げ

材料（大人2人＋子1人）×2食分

豚切り落とし肉	600g
A 塩	少々
酒	大さじ2
しょうゆ	大さじ4
片栗粉、揚げ油	各適量
B しょうゆ	大さじ2
はちみつ	小さじ4
白ごま、だし汁	各大さじ1

作り方

1 豚肉にAをもみ込み10分ほどおく。24等分にして軽く丸め、片栗粉を薄くまぶす。

2 鍋に揚げ油を熱し1を揚げる。こんがり火が通るまで3～4分揚げる。油をきってボウルに入れ、混ぜ合わせたBを加えてからめる。

調理 30分

これがいわし!?
子どもが食いつく
ピザ風アレンジ

いわしのピザ風

材料（大人2人＋子1人）×2食分

いわし	10尾(500g)
玉ねぎ	1/3個(70g)
ピーマン	2個(50g)
塩	少々
ケチャップ	小さじ8
コーン	大さじ4
ピザチーズ	60g

作り方

1 いわしは小骨を取り除き、半分に切り塩をふる。玉ねぎ、ピーマンは薄切りにして長さを半分に切る。

2 耐熱皿にいわしを並べ、ケチャップを塗る。玉ねぎ、ピーマン、コーンをのせチーズをかけ、トースターでこんがり焼き目がつくまで6～7分焼く。

調理 25分

シンプルな
みそ味で
食欲増進！

いわしのみそ煮

材料（大人2人＋子1人）×2食分

いわし	10尾(500g)
しょうが薄切り	6枚
A 水	1と1/3カップ
酒	大さじ4
みそ	小さじ8
みりん	大さじ3
砂糖	小さじ2
しょうゆ	小さじ1/2

作り方

1 いわしは1尾を4等分に切る。

2 フライパンにAを煮立てて1としょうがを入れ、煮汁をかけながら7～8分煮る。

煮汁ごと冷凍保存します。

調理 20分

里いもと豚肉の和風グラタン

材料（大人2人＋子1人）×2食分

豚切り落とし肉	400g
長ねぎ	2本(180g)
里いも	10個(600g)
A　酒	大さじ2
塩	小さじ¼
オリーブ油	大さじ1
バター	60g
小麦粉	大さじ6
牛乳	4カップ
みそ	小さじ4
塩	少々
ピザ用チーズ	100g

作り方

1. 豚肉は一口大に切ってAをふり、10分ほどおき水気をふく。長ねぎは斜め薄切り、里いもは1cm厚さの半月切りにして、ラップをかけてレンジで2〜3分加熱する。
2. 鍋にオリーブ油を熱し、豚肉を焼く。火が通ったら一度取り出す。
3. 鍋にバターを入れ、長ねぎを炒める。小麦粉をふり入れて炒め、粉っぽさがなくなったら牛乳を加えて混ぜる。とろみがついたら2と里いもを入れ、2〜3分煮る。
4. みそ、塩を加えてさっと混ぜ、耐熱皿に入れる。チーズをかけトースターで5〜6分焼く。

「ごはんとよく合う和のグラタン」

調理 40分

ポークジンジャー

材料（大人2人＋子1人）×2食分

豚ロース薄切り肉	600g
小麦粉	適量
サラダ油	大さじ1
A　酒	大さじ2
しょうゆ、みりん	各小さじ4
りんごすりおろし	½個分(100g)
しょうがすりおろし	1片分(8g)

作り方

1. 豚ロース肉は食べやすく切って、薄く小麦粉をまぶす。
2. フライパンにサラダ油を熱し、豚肉を焼く。焼き色がついたら裏返して炒め、Aを加えてからめる。

「すりおろしりんごが味の決め手」

調理 20分

メカジキのごまみそ焼き

材料（大人2人＋子1人）×2食分

メカジキ	6切れ(540g)
A　すりごま、みそ、砂糖	各大さじ2
水	小さじ2

作り方

1. Aを混ぜ合わせる。
2. グリルを熱し、メカジキを3〜4分焼く。火が通ったら1を塗り、焼き色がつくまで2分ほど焼く。

「焼き色のついたごまみそが香ばしい！」

調理 15分

かぼちゃといんげんのロールチキン

材料（大人2人＋子1人）×2食分
- 鶏ささみ肉 …… 10本(500g)
- いんげん …… 10本(80g)
- かぼちゃ …… ⅙個(240g)
- 塩 …… 小さじ½
- A ┃ マヨネーズ …… 小さじ4
  ┃ カレー粉、塩 …… 各小さじ¼

調理 25分

作り方
1. ささみは筋を取り除いてラップではさみ、めん棒で薄くたたく。いんげんはラップをかけてレンジで20〜30秒加熱する。
2. かぼちゃは皮とタネを取り除き、ラップをかけてレンジで1分加熱する。熱いうちにつぶしてAを混ぜる。
3. ささみに塩をふり、2といんげんをのせ、くるくると巻く。ラップで包み、レンジで2〜3分加熱する。

火を使わずレンジだけで作れちゃう

凍ったままフライパンで焼いたら完成！

餃子

材料（大人2人＋子1人）×2食分
- A ┃ 豚ひき肉 …… 300g
  ┃ ねぎみじん切り … 20cm分(30g)
  ┃ しょうがみじん切り … 1片分(8g)
  ┃ しょうゆ、ごま油、
  ┃ オイスターソース …… 各小さじ2
  ┃ 片栗粉 …… 大さじ2
  ┃ 酒 …… 大さじ1
- キャベツ …… 2枚(160g)
- ニラ …… ½束(50g)
- 塩 …… 小さじ½
- 餃子の皮 …… 40枚

調理 30分

作り方
1. キャベツ、ニラは粗みじん切りにし、塩をもみ込み10分ほどおく。しんなりしたら水気をしぼる。
2. ボウルに1、Aを入れてよく練り合わせる。40等分にして皮で包む。

2の状態で冷凍保存し、食べる前に焼きます。フライパンにサラダ油を熱して凍ったままの餃子を並べ、焼き色がついたら水を加えてフタをして蒸し焼きに。食べるときは酢じょうゆを添えて。

お好み焼きバーグ

材料（大人2人＋子1人）×2食分
- A ┃ 合い挽き肉 …… 300g
  ┃ 卵 …… 1個
  ┃ 塩 …… 小さじ⅓
- キャベツ …… ¼個(300g)
- 塩 …… 小さじ⅓
- 牛乳 …… 大さじ4
- 揚げ玉 …… 60g
- サラダ油 …… 大さじ1

食べるときに、ソース、マヨネーズ、青のり、かつお節をトッピングしましょう。

調理 30分

作り方
1. キャベツは2cm長さのせん切りにし、塩をふり10分ほどおいて水気を絞る。器に牛乳と揚げ玉を合わせておく。
2. ボウルに1、Aを入れてよく混ぜ合わせる。子ども2食分を取り分けて丸め、残りは4等分にし小判形にする。
3. フライパンにサラダ油を熱し、2を入れて焼く。焼き色がついたら裏返してフタをし、3〜4分蒸し焼きにする。

揚げ玉をインしたお好み焼き風

③歳〜⑤歳 副菜

冷蔵 日持ち3日

野菜のほか、ひじきや昆布などの海藻もふんだんに使った副菜集です。
ほとんどが和えるだけの簡単調理で、さっと作れて重宝します。

ほうれん草のごまみそ和え

材料（大人2人＋子1人）×1食分
- ほうれん草 …………… 1袋（200g）
- A
  - すりごま、砂糖 … 各大さじ½
  - みそ ……………… 小さじ2
  - だし汁 …………… 小さじ1

作り方
1. ほうれん草はラップをかけ、レンジで1〜2分加熱する。水にさらして3〜4cm長さのざく切りにする。
2. ボウルにAを合わせ、水気を絞った1を加えて和える。

甘いごまみそ味ではしが進む！

調理 10分

じゃがいもの青のり炒め

材料（大人2人＋子1人）×1食分
- じゃがいも …………… 2個（300g）
- サラダ油 ……………… 大さじ½
- 青のり ………………… 小さじ½
- 塩 ……………………… 小さじ⅙

じゃがいもをあらかじめレンジで加熱することで、短い時間でさっと作れます。

作り方
1. じゃがいもは1cm角の棒状に切ってラップをかけ、レンジで1〜2分加熱する。
2. フライパンにサラダ油を熱し、1を焼く。焼き色がついたら青のり、塩を加える。

大好き！青のり風味のポテト焼き

調理 10分

3歳〜5歳 副菜（冷蔵）

湯むきするからしっかり味がしみこむ

調理 10分

ミニトマトのだし浸し

材料（大人2人＋子1人）×1食分
ミニトマト………1パック(12個)
A　だし汁…………½カップ
　　しょうゆ………小さじ1
　　塩………………小さじ⅛

作り方
1 ミニトマトは熱湯にくぐらせて冷水にとり、皮をむく。
2 保存袋にAを合わせ、1を入れる。

漬け込むときは、保存袋やポリ袋を使うと漬かりやすく、味がなじみやすくなります。

見た目もきれいなポテトサラダ

調理 15分

ブロッコリーとコーンのポテトサラダ

材料（大人2人＋子1人）×1食分
じゃがいも………小2個(200g)
ブロッコリー……½個(100g)
コーン……………½缶(30g)
A　マヨネーズ……大さじ2
　　牛乳……………小さじ1
　　粉チーズ………大さじ½
　　塩………………少々

作り方
1 じゃがいもは一口大に切り水にさらす。ブロッコリーは粗みじん切りにする。耐熱ボウルにじゃがいもとブロッコリーを入れてレンジで1〜2分加熱し、熱いうちにつぶす。
2 1にコーン、Aを加えて和える。

漬け込むだけの簡単スピードレシピ

調理 5分

きゅうりのしょうゆ漬け

材料（大人2人＋子1人）×1食分
きゅうり…………2本(200g)
A　ごま油、砂糖……各小さじ1
　　しょうゆ、酢……各大さじ1

作り方
1 きゅうりは1cm厚さの輪切りにする。
2 保存袋にAを入れ、1を加える。

漬け込むときは、保存袋やポリ袋を使うと漬かりやすく、味がなじみやすくなります。

大根とにんじんの甘酢和え

材料（大人2人＋子1人）×1食分
- 大根 ……………… 1/8本(150g)
- にんじん …………… 1/4本(40g)
- 塩 ………………… 小さじ1/4
- A
  - 酢 ……………… 大さじ1
  - 砂糖、だし汁 …… 各大さじ1/2
  - 塩 ……………… 少々

作り方
1. 大根とにんじんは5cm長さの細切りにし、塩をまぶして10分ほどおく。しんなりしたら水気を絞る。
2. ボウルにAを合わせ、1を加えて和える。

和風ピクルス

材料（大人2人＋子1人）×1食分
- かぶ ……………… 1個(60g)
- ブロッコリー ……… 1/6個(50g)
- 黄パプリカ ………… 1/2個(75g)
- A
  - 水 ……………… 1カップ
  - 酢 ……………… 1/4カップ
  - 砂糖 …………… 大さじ1と1/2
  - 塩 ……………… 小さじ1/2
  - 昆布 …………… 2g

作り方
1. かぶは茎を2cmほど残し、1cm厚さのくし形切りにする。ブロッコリーは小房に分ける。パプリカは1cm幅に切る。
2. 耐熱容器にAと1を入れる。ラップをかけて、レンジで4分加熱する。

> ピクルス液は加熱することで、保存性がさらにアップします。

甘辛こんにゃく

材料（大人2人＋子1人）×1食分
- こんにゃく ………… 1枚(200g)
- ごま油 …………… 小さじ1
- A
  - だし汁 ………… 大さじ2
  - しょうゆ、みりん … 各小さじ2
  - 砂糖 …………… 小さじ1
- 白ごま …………… 適量

作り方
1. こんにゃくは一口大にちぎり、沸騰した湯で2〜3分ゆでてザルにあげる。
2. 鍋にごま油を熱し、こんにゃくを炒める。油がなじみチリチリと音がしたらAを加え、水分が少なくなるまで7〜8分炒める。仕上げに白ごまをふる。

3歳〜5歳 副菜（冷蔵）

だし汁を
きかせて
お塩控えめ

オクラのお浸し

材料（大人2人＋子1人）×1食分

オクラ	1袋(8本)
A	だし汁	大さじ2
	しょうゆ	小さじ½
	塩	小さじ⅛
かつお節	適量

作り方

1 オクラはがくを落とし、ラップをかけてレンジで1〜2分加熱する。3〜4等分の斜め切りにする。

2 ボウルにAを合わせ、1を加えて和える。仕上げにかつお節をふる。

調理 5分

白、黒、赤の
彩りもキレイ！

ひじきともやしの中華サラダ

材料（大人2人＋子1人）×1食分

乾燥ひじき	大さじ½
もやし	1袋(200g)
赤パプリカ	⅙個(25g)
A	ごま油	大さじ½
	酢、しょうゆ、すりごま	各小さじ2
	砂糖	小さじ½

作り方

1 ひじきはたっぷりの水につけ、レンジで2分加熱する。もやしはラップをかけ、レンジで1分加熱する。パプリカは細切りにする。

2 ボウルにAを合わせ、1を加えて和える。

調理 10分

子どもが
喜ぶ
パリパリ食感

ツナとじゃがいもの
パリパリワンタン

材料（大人2人＋子1人）×1食分

じゃがいも	½個(75g)
ツナ	¼缶(20g)
マヨネーズ	小さじ1
塩	少々
ワンタンの皮	12枚
サラダ油	適量

食べる前にトースターで温めると
パリッとした食感を楽しめます。

作り方

1 じゃがいもは皮をむいて一口大に切り、ラップをかけてレンジで1〜2分加熱する。熱いうちにつぶし、ツナ、マヨネーズ、塩を混ぜる。

2 ワンタンの皮に1をのせて、ふちに水をつけて半分に折りたたむ。

3 トースターに2を並べ、表面にサラダ油を塗る。焼き色がつくまで4〜5分加熱する。

調理 15分

キャベツと油揚げの卵とじ

材料（大人2人＋子1人）×1食分
- キャベツ……………⅙個(200g)
- 油揚げ………………1枚(40g)
- A
  - だし汁……………1カップ
  - しょうゆ…………小さじ2
  - みりん……………大さじ1
  - 塩…………………少々
- 卵……………………1個

作り方
1. キャベツは2〜3cm角に切る。油揚げは横に半分に切り、端から1cm幅に切る。
2. 鍋でAを煮立てて1を入れ、フタをして7〜8分煮る。やわらかくなったら溶き卵をまわし入れ、卵が固まるまで1〜2分蒸し煮にする。

みんな嬉しいボリュームおかず

調理 15分

セロリののり和え

材料（大人2人＋子1人）×1食分
- セロリ………………1本(80g)
- 塩……………………小さじ⅓
- A
  - ごま油……………小さじ2
  - 塩…………………少々
- 焼きのり……………¼枚

作り方
1. セロリは筋を取って斜め薄切りにし、塩をまぶして10分ほどおく。
2. しんなりしたら水気を絞ってボウルに入れ、Aとちぎった焼きのりを加えて和える。

セロリとのりが相性抜群！

調理 15分

トマトのにんじんドレッシング和え

材料（大人2人＋子1人）×1食分
- トマト………………大1個(200g)
- A
  - にんじんすりおろし……大さじ2
  - オリーブ油………大さじ1
  - 酢…………………小さじ1
  - 塩…………………小さじ⅛
  - 砂糖………………小さじ¼

作り方
1. トマトは一口大に切る。
2. ボウルにAを合わせ、1を加えて和える。

にんじんドレッシングは使い勝手◎

調理 5分

3歳〜5歳 副菜(冷蔵)

塩昆布と桜えびで調味料いらず

かぶの塩昆布和え

材料(大人2人+子1人)×1食分

- かぶ……3個(180g)
- 塩……小さじ½
- A 塩昆布……大さじ½
- 　 桜えび……大さじ1

作り方

1. かぶは半分に切り、端から2〜3mm厚さの薄切りにする。塩をまぶし、10分ほどおく。
2. しんなりしたら水気を絞り、ボウルに入れてAで和える。

調理 15分

みんな大好き春雨サラダ！

春雨サラダ

材料(大人2人+子1人)×1食分

- 春雨……40g
- きゅうり……⅔本(60g)
- 塩……小さじ⅙
- ハム……3枚(42g)
- A ごま油……大さじ½
- 　 しょうゆ、酢……各小さじ2と½
- 　 砂糖、だし汁……各大さじ½
- コーン……½缶(30g)

作り方

1. 春雨はさっとゆでて食べやすく切る。きゅうりは細切りにして塩をまぶし、10分ほどおき水気を絞る。ハムは半分に切り、端から1cm幅に切る。
2. ボウルにAを合わせ、1、コーンを加えて和える。

調理 15分

ツナマヨ味なら春菊の苦味も気にならない

春菊のツナマヨ和え

材料(大人2人+子1人)×1食分

- 春菊……1袋(150g)
- ツナ缶……1缶(80g)
- A マヨネーズ……大さじ1
- 　 しょうゆ……小さじ½

作り方

1. 春菊は5cm長さに切り、さっとゆでる。
2. 1の水気をきりボウルに入れ、ツナ、Aを加えて和える。

調理 10分

蒸しなすのトマトマリネ

材料(大人2人+子1人)×1食分
- なす……………………2本(160g)
- トマト…………………½個(80g)
- A
  - しょうゆ、ごま油、酢……各大さじ½
  - 砂糖……………………小さじ½

作り方
1. なすは皮をむき、ラップをかけてレンジで2分加熱する。粗熱をとって食べやすく切る。トマトは1cm角に切る。
2. ボウルにAを合わせ、1を加えて和える。

調理 10分

夏の暑い日にぴったり!

ささみとアスパラ、にんじんのバンバンジー

材料(大人2人+子1人)×1食分
- 鶏ささみ肉……………2本(100g)
- アスパラガス…………6本(80g)
- にんじん………………¼本(40g)
- 塩………………………少々
- 酒………………………小さじ1
- A
  - 練りゴマ、しょうゆ、酢……各小さじ2
  - 砂糖、だし汁……各小さじ1

作り方
1. ささみは塩と酒をふり、ラップをかけてレンジで1分加熱する。粗熱をとって食べやすくさく。アスパラは下⅓の皮をピーラーでむき斜め薄切り、にんじんは5cm長さの細切りにする。耐熱皿にアスパラ、にんじんを並べ、レンジで1～2分加熱する。
2. ボウルにAを合わせ、1を加えて和える。

調理 10分

野菜がパクパク食べられちゃう

さつまいものママレード煮

材料(大人2人+子1人)×1食分
- さつまいも……………1本(200g)
- 水………………………適量
- ママレード……………大さじ4

作り方
1. さつまいもは1cm厚さの半月切りにし、水にさらす。
2. 1の水気をきり鍋に入れ、水をひたひたに入れ火にかける。沸騰したらママレードを入れ、落としぶたをして汁気が少なくなるまで10分程煮る。

調理 20分

柑橘系の香りで甘みが引き立つ

3歳〜5歳 副菜（冷蔵）

わかめを加えると保存性アップ！

調理10分

キャベツとわかめの酢みそ和え

材料（大人2人＋子1人）×1食分
- キャベツ……………1/6個（200g）
- 乾燥わかめ……………大さじ1
- A
  - みそ……………大さじ1
  - 酢、砂糖、水……各小さじ2

作り方
1. キャベツは2〜3cm角に切り、ラップをかけてレンジで1〜2分加熱する。わかめは水で戻す。
2. ボウルにAを合わせ、1を加えて和える。

はし休めになるさっぱり小鉢

調理10分

小松菜のおかか和え

材料（大人2人＋子1人）×1食分
- 小松菜……………1袋（200g）
- A
  - かつお節……………4g
  - ポン酢しょうゆ……大さじ1と1/2
  - だし汁……………大さじ1

作り方
1. 小松菜は4cm長さに切ってラップをかけ、レンジで1〜2分加熱する。
2. 1の水気を絞ってボウルに入れ、Aを加えて和える。

しょうゆと酢の辛くないナムル

調理10分

もやしとチンゲン菜のナムル

材料（大人2人＋子1人）×1食分
- もやし……………1袋（200g）
- チンゲン菜……………1株（150g）
- A
  - しょうゆ、ごま油……各小さじ2
  - 酢……………小さじ1
  - 白ごま……………大さじ1
  - 塩……………少々

作り方
1. もやしはあればひげ根を取り、チンゲン菜は縦半分に切って3cm長さに切る。
2. 1にラップをかけて、レンジで1〜2分加熱する。
3. 2の水気をきり、Aを合わせたボウルに入れて和える。

カリフラワーとハムのごま酢和え

材料(大人2人+子1人)×1食分
- カリフラワー……… ½個(150g)
- ハム……………………… 2枚(28g)
- A
  - すりごま…………… 大さじ1
  - 酢、しょうゆ……… 各小さじ2
  - 砂糖、だし汁……… 各小さじ1

作り方
1. カリフラワーは小房に分け、ラップをかけてレンジで1～2分加熱する。ハムは半分に切って、端から1cm幅に切る。
2. ボウルにAを合わせ、1を加えて和える。

こりこりした食感がくせになる

調理 10分

ごぼうサラダ

材料(大人2人+子1人)×1食分
- ごぼう…………………… ¾本(150g)
- にんじん………………… ⅙本(30g)
- めんつゆ………………… 大さじ1
- マヨネーズ……………… 大さじ2

作り方
1. ごぼう、にんじんは5cm長さの細切りにして、ごぼうは水にさらす。
2. 1にラップをかけてレンジで2～3分加熱する。やわらかくなったら熱いうちにめんつゆをからめる。
3. 2の粗熱がとれたらマヨネーズで和える。

熱いうちに下味を絡めるのがポイント

調理 15分

マカロニサラダ

材料(大人2人+子1人)×1食分
- にんじん………………… ⅙本(30g)
- 枝豆(さやつき)………… 40g
- マカロニ………………… 50g
- A
  - マヨネーズ………… 大さじ2
  - 塩…………………… 少々

作り方
1. にんじんは2～3mm厚さのいちょう切りにする。
2. マカロニは塩を加えた湯で、袋の表示時間でゆでる。ゆで上がる1分前ににんじんと枝豆も加えてゆで、いっしょにザルにあげる。
3. 2の水気をきりボウルに入れ、枝豆をさやから出し、Aを加えて和える。

マカロニが苦手な子はめったにいない

調理 15分

ブロッコリーと厚揚げの梅みそ和え

材料(大人2人+子1人)×1食分
- ブロッコリー……⅓個(80g)
- 厚揚げ……½枚(100g)
- A
  - 梅干し……小さじ1
  - みそ、砂糖……各小さじ2
  - 水……小さじ½

作り方
1. ブロッコリーは小房に分ける。厚揚げは食べやすく切る。
2. グリルを熱し、**1**を入れる。火が通り、焼き目がつくまで2〜3分焼く。
3. ボウルに**A**を合わせ、**2**を入れて和える。

> グリルで一度焼くから香ばしい！

調理 10分

しらたきとにんじんのたらこ炒め

材料(大人2人+子1人)×1食分
- しらたき……200g
- にんじん……⅓本(60g)
- たらこ……½腹(30g)
- 酒……大さじ½
- サラダ油……小さじ1
- 塩……少々

作り方
1. しらたきはさっと下ゆでし、食べやすく切る。にんじんは5cm長さのせん切りにする。たらこは薄皮をとり除いて、酒と合わせておく。
2. フライパンを熱してしらたきを炒める。パチパチと音がしたらサラダ油を加え、にんじんを入れて炒める。しんなりしたらたらこを加えて炒め、塩で調味する。

> ぷちぷちのたらこが楽しい

調理 15分

白菜とえのきのマリネ

材料(大人2人+子1人)×1食分
- 白菜……2枚(200g)
- えのき……1袋(100g)
- A
  - サラダ油……小さじ2
  - 酢、しょうゆ……各小さじ1
  - 砂糖……小さじ¼
  - 塩……少々

作り方
1. 白菜は縦2〜3等分にして2cm幅に切る。えのきは半分に切ってほぐす。まとめてラップをかけてレンジで2〜3分加熱する。
2. ボウルに**A**を合わせ、**1**の水気を絞って加えて和える。

> えのきの食感を味わうマリネ

調理 10分

3歳～5歳 副菜

冷凍　日持ち2週間

冷凍庫に副菜ストックがあると、「もう1品何かほしい」ときに便利！
野菜が安いときに多めに買って、多めに作っておくといいですね。

ラタトゥイユ

材料（大人2人＋子1人）×2食分
- 玉ねぎ …………… 1個(200g)
- セロリ …………… 1本(80g)
- ズッキーニ ……… 1本(150g)
- 黄パプリカ ……… 1個(150g)
- トマト …………… 4個(600g)
- にんにく ………… 2片(16g)
- オリーブ油 ……… 大さじ2
- ローリエ ………… 2枚
- 塩 ………………… 小さじ½

作り方
1. 玉ねぎ、セロリ、ズッキーニ、パプリカは1.5cm角に切る。トマトはざく切り、にんにくはつぶす。
2. 鍋にオリーブ油を熱し、にんにくを炒める。香りが出たら玉ねぎ、セロリを炒める。しんなりしたらズッキーニ、パプリカを加えて炒め、油がまわったらトマトを加えて炒める。
3. ローリエ、塩を加えてフタをし、ときどき混ぜながら15〜20分煮る。

しっかり炒めて甘みとコクを引き出そう

調理 35分

さつまいもの天ぷら

材料（大人2人＋子1人）×2食分
- さつまいも ……… 1本(200g)
- A 天ぷら粉 ……… 100g
- A 水 ……………… 160ml
- サラダ油 ………… 適量

作り方
1. さつまいもは1cmの輪切りにして水にさらす。
2. ボウルにAを合わせ、1をくぐらせる。鍋でサラダ油を中温に熱し、2〜3分カリッと揚げる。

食べるときはトースターで温めると、べたつきを防いでサクッと仕上がります。

衣がカリッ！おいもがホクホク

調理 15分

3歳〜5歳 副菜（冷凍）

「パプリカは焼くとぐんと甘くなる」

パプリカのマリネ

材料（大人2人+子1人）×2食分
- 赤パプリカ……2個(300g)
- 黄パプリカ……2個(300g)
- A
  - オリーブ油……小さじ8
  - 酢……小さじ4
  - はちみつ……小さじ1
  - 塩……小さじ1/3

作り方
1. パプリカはタネとワタを取り除き、グリルに入れて皮が黒く焦げるまで焼く。粗熱をとって皮をむき、2cm角に切る。
2. ボウルにAを合わせ、1を加えて和える。

パプリカは、グリルでしっかりと焼いて皮をむくと、甘みが出てトロッとした食感になります。

調理 20分

「モチッとした食感の野菜おやき」

長いもの落とし焼き

材料（大人2人+子1人）×2食分
- 長いも……2/3本(400g)
- アスパラガス……6本(80g)
- A
  - 桜えび、片栗粉……各大さじ4
  - 塩……小さじ2/3
- ごま油……大さじ1

作り方
1. 長いもはすりおろす。アスパラは下1/3の皮をピーラーでむき、ラップをしてレンジで1分ほど加熱する。1cm幅の小口切りにする。
2. ボウルに1、Aを入れてよく混ぜる。フライパンにごま油を熱し、生地を一口大ずつ落として焼く。焼き色がついたら裏返し、さらに1〜2分焼く。

調理 20分

「カリカリじゃこがアクセント」

じゃこと小松菜のさっと炒め

材料（大人2人+子1人）×2食分
- 小松菜……2袋(400g)
- ちりめんじゃこ……大さじ6
- ごま油……大さじ1
- A
  - しょうゆ、みりん、酒……各小さじ4

作り方
1. 小松菜は3cm長さに切る。
2. フライパンにごま油を熱し、1を炒める。しんなりしたらちりめんじゃこを加えてさっと炒め、Aを加えて汁気がなくなるまで炒める。

調理 15分

3歳〜5歳 主食

冷凍
日持ち2週間

カレーにピラフ、トースト、丼もの……ボリューミーな主食をつくりおき。
ランチやおやつにもさっと出せるから、待ちきれない子どもにはぴったりです。

ドライカレー

材料（大人2人＋子1人）×2食分
- 合い挽き肉 …… 400g
- 玉ねぎ …… 1個（200g）
- にんじん …… 2/5本（60g）
- ピーマン …… 4個（100g）
- にんにく …… 1片（8g）
- サラダ油 …… 大さじ1
- カレー粉 …… 小さじ1
- A 水 …… 1/2カップ
   ケチャップ、中濃ソース …… 各大さじ3
- 塩 …… 少々

> 辛味はカレー粉の量で調整をしてください。

作り方
1. 玉ねぎ、にんじん、ピーマンは粗みじん切り、にんにくはみじん切りにする。
2. フライパンにサラダ油を熱し、にんにくを炒める。香りが出たら玉ねぎ、にんじん、ピーマンを加えて炒め、しんなりしたらひき肉を加えて炒める。
3. ひき肉の色が変わってポロポロになったらカレー粉を加えて炒める。香りが出たら**A**を加え、水分が少なくなるまで5〜6分煮て、塩で味をととのえる。

調理 25分

肉も野菜もたっぷりとれる

ピザトースト

材料（大人2人＋子1人）×2食分
- 玉ねぎ …… 1/3個（30g）
- ピーマン …… 2個（50g）
- ハム …… 4枚（56g）
- 食パン（8枚切り） …… 6枚
- ケチャップ …… 大さじ2
- ピザチーズ …… 100g

> 1枚ずつラップに包んで冷凍し、食べるときにラップを取ってトースターで焼いてください。

作り方
1. 玉ねぎは薄切り、ピーマンは輪切りにする。ハムは半分に切り端から1cm幅に切る。
2. 食パンにケチャップを塗り、1とピザチーズをのせる。

調理 15分

ピザトーストも冷凍できる！

鶏五目ごはんの具

解凍して白いごはんに混ぜるだけ

材料（大人2人＋子1人）×2食分

- 鶏もも肉 ………… 1枚(240g)
- にんじん ………… 1/3本(60g)
- いんげん ………… 6本(48g)
- ごぼう …………… 1/2本(100g)
- 乾燥ひじき ……… 小さじ2
- サラダ油 ………… 大さじ1
- A だし汁 ………… 1/2カップ
  - しょうゆ、みりん …… 各大さじ4
  - 砂糖、酒 ……… 各大さじ2

作り方

1. 鶏肉は白い脂身を取り除き、1cm角に切る。にんじんは4cm長さの細切り、いんげんは斜め切り、ごぼうはささがきにして水にさらす。ひじきはたっぷりの水で戻す。**A**は合わせる。
2. 鍋にサラダ油を熱し、鶏肉を炒める。色が変わったら、**A**、にんじん、ごぼう、いんげん、ひじきを加えて7〜8分煮る。

食べるときに白ごはんに混ぜ合わせます。

調理 25分

トマトソースペンネ

うまみがつまった濃厚ソース

材料（大人2人＋子1人）×2食分

- むきえび ………… 300g
- 玉ねぎ …………… 1個(200g)
- ズッキーニ ……… 1本(150g)
- 片栗粉 …………… 適量
- にんにく ………… 2片(16g)
- ペンネ …………… 300g
- オリーブ油 ……… 大さじ2
- トマト缶 ………… 2缶(800g)
- バター …………… 20g
- 塩 ………………… 小さじ2/3

作り方

1. むきえびは片栗粉をまぶしてさっと洗い、水気をふき取る。玉ねぎは薄切り、ズッキーニは1cm厚さの半月切り、にんにくはみじん切りにする。
2. ペンネは、塩を加えた湯で表示時間通りにゆでる。
3. フライパンにオリーブ油、にんにくを入れて弱火にかける。香りが出たらむきえび、玉ねぎ、ズッキーニを加えて炒める。しんなりしたらトマト缶を加えてつぶしながらトロッとするまで3〜4分煮詰める。バターと塩で味をととのえ、**2**を加えて和える。

調理 25分

ミートソース

野菜にかけてもごはんに乗せても丼風にしても！

材料（大人2人＋子1人）×2食分

- 合い挽き肉 ……… 400g
- セロリ …………… 1/2本(40g)
- にんじん ………… 1/3本(60g)
- 玉ねぎ …………… 1個(200g)
- にんにく ………… 2片(16g)
- オリーブ油 ……… 大さじ2
- 赤ワイン ………… 大さじ4
- トマト缶 ………… 1缶(400g)
- A トマトケチャップ、
  - 中濃ソース …… 各小さじ4
  - 砂糖 …………… 小さじ1
  - 塩 ……………… 小さじ1/2
  - ローリエ ……… 2枚

作り方

1. セロリ、にんじん、玉ねぎ、にんにくはみじん切りにする。
2. フライパンにオリーブ油を熱し、にんにくを弱火にかけ炒める。香りが出たらセロリ、にんじん、玉ねぎを炒める。しんなりしたらひき肉を加えて炒め、色が変わってポロポロになったら赤ワインを加える。
3. アルコールが飛んだらトマト缶を加えてつぶし、**A**を加えてフタをして15分ほど煮る。

調理 40分

チキンカレー

材料（大人2人＋子1人）×2食分

- 鶏もも肉 …………… 2枚(500g)
- **A**
  - プレーンヨーグルト …… 100g
  - カレー粉、にんにくすりおろし、しょうがすりおろし
  - …………… 各小さじ1
  - 塩 …………… 小さじ½
- 玉ねぎ …………… 1個(200g)
- ほうれん草 …………… ⅔袋(140g)
- りんご …………… 1個(200g)
- バター …………… 20g
- 小麦粉 …………… 小さじ4
- 水 …………… 2カップ
- トマト缶 …………… 1缶(400g)
- **B**
  - 洋風スープの素 …… 小さじ1
  - 塩 …………… 少々

作り方

1. 鶏肉は一口大に切る。ボウルに入れて**A**を加えよくもみ込み、20分ほどおく。玉ねぎは粗みじん切りにする。ほうれん草は3cm長さに切ってラップをかけてレンジで1〜2分加熱する。りんごはすりおろす。
2. 鍋にバターを熱し、玉ねぎを炒める。しんなりしたら小麦粉を加えて炒め、粉っぽさがなくなったら水、トマト缶を加え、トマトをつぶしながら煮る。
3. 沸騰したら鶏肉を漬け汁ごと加え、りんごと**B**を加えてフタをし、15分ほど煮込む。ほうれん草を加えてさっと煮る。

> ヨーグルトとりんごでマイルド味

調理 40分
（※漬け込む時間は除く）

ピラフ

材料（大人2人＋子1人）×2食分

- ベーコン …………… 8枚(80g)
- 玉ねぎ …………… ½個(100g)
- 黄パプリカ …………… ½個(80g)
- ピーマン …………… 4個(100g)
- 米 …………… 4合
- バター …………… 20g
- **A**
  - 洋風スープの素 …… 小さじ1
  - 塩 …………… 小さじ½
- 塩 …………… 少々

作り方

1. ベーコンは1cm幅に切る。玉ねぎはみじん切り、パプリカ、ピーマンは1cm角に切る。米は洗ってザルにあげる。
2. フライパンにバターを熱し、ベーコンと野菜を炒める。しんなりしたら粗熱をとる。
3. 炊飯器に米を入れ、4合の目盛りまで水を入れる。**A**を入れて混ぜ、**2**をのせて普通に炊く。炊きあがったらさっくりと混ぜ、塩で味をととのえる。

> パラパラの仕上がりはバターのおかげ

調理 15分
（※炊く時間は除く）

フレンチトースト

材料（大人2人＋子1人）×2食分

- 食パン(6枚切り) …………… 6枚
- 卵 …………… 4個
- **A**
  - 牛乳 …………… 2カップ
  - 砂糖 …………… 大さじ2
  - バニラエッセンス …… 3〜4滴
- バター …………… 20g
- メープルシロップ …………… 適量

作り方

1. 食パンは4等分に切る。バットに卵を溶きほぐし、**A**を加えてよく混ぜる。食パンを入れ、液を全部吸うまで30分以上おく。
2. フライパンにバターを熱し、**1**を焼く。焼き色がついたら裏返してフタをし、弱火で2〜3分蒸し焼きにする。メープルシロップをかける。

> バニラエッセンスを入れず、砂糖も控えめにすれば、ベーコンやスクランブルエッグなどのおかずにもよく合います。

> 朝食やおやつにもおすすめ！

調理 15分
（※漬け込む時間は除く）

焼きおにぎり

材料（大人2人＋子1人）×2食分

- ごはん……………………3合
- かつお節…………………16g
- 白ごま……………………大さじ4
- A しょうゆ………………大さじ2
-   みりん…………………小さじ2

解凍時は、レンジで温めるともっちりと、トースターで温めるとカリッとした仕上がりになります。

作り方

1. ごはんにかつお節、白ごまを混ぜておにぎりを握る。
2. 1をトースターで、パリッとするまで4〜5分焼く。焼けたら、混ぜ合わせたAをハケなどで塗り1分ほど焼き、またAを塗る。香ばしく焼き目がつくまで3回くり返す。

調理 20分

つやつやの焼き目がたまらない

さばそぼろ

材料（大人2人＋子1人）×2食分

- さば………………………2尾(600g)
- サラダ油…………………大さじ1
- しょうがみじん切り……2片分(16g)
- A しょうゆ、みりん、酒
-   …………………………各大さじ2
-   砂糖……………………小さじ2

ごはんの上に乗せたり混ぜたりするだけでもおいしいですし、おにぎりの具にもぴったりです。

作り方

1. さばはスプーンなどで身をこそげ取り、包丁でたたく。
2. フライパンにサラダ油を熱し、しょうがを炒める。香りが出たらさばを加えて細かくほぐしながら炒め、Aを加えて汁気がなくなるまで炒める。

間違いなくおいしい甘辛そぼろ

調理 20分

豚丼

材料（大人2人＋子1人）×2食分

- 豚切り落とし肉…………600g
- 玉ねぎ……………………1個(200g)
- にんじん…………………½本(80g)
- ニラ………………………⅔束(60g)
- しめじ……………………1袋(100g)
- サラダ油…………………大さじ1
- A 水………………………½カップ
-   しょうゆ、酒、みりん
-   …………………………各大さじ6
-   砂糖……………………大さじ2

作り方

1. 豚肉は大きければ一口大に切る。玉ねぎは5mm幅の薄切り、にんじんは4cm長さの細切り、ニラは5cm長さに切る。しめじは根元を落としてほぐす。
2. フライパンにサラダ油を熱し、豚肉を炒める。色が変わったら玉ねぎ、にんじんを加えてさっと炒め、しんなりしたらAとしめじを加える。フタをして、ときどき混ぜながら7〜8分煮る。仕上げにニラを加えて煮る。

野菜がたっぷりで副菜いらず！

調理 25分

③歳～⑤歳 汁物

冷蔵 日持ち3日

主菜や副菜に手がまわらないときも、具だくさんの汁物さえあれば…！
火にかけて煮込めば完成！のお手軽なレシピをとりそろえました。

じゃがいもとブロッコリーの豆乳スープ

ごろっと具が大きいおかずスープ

材料（大人2人＋子1人）×1食分
- じゃがいも ……… 小1個（100g）
- ブロッコリー ……… ⅓個（80g）
- サラダ油 ……… 小さじ1
- だし汁 ……… 1と½カップ
- みそ ……… 小さじ4
- 豆乳 ……… 1と¼カップ

作り方
1. じゃがいもは1cm厚さの半月切りにし、ブロッコリーは小房に分ける。
2. 鍋にサラダ油を熱し、**1**を炒める。油がまわったらだし汁を加えてフタをし、4〜5分煮る。
3. 野菜がやわらかくなったらみそと豆乳を加える。

調理 15分

すりおろしれんこんの和風梅スープ

すりおろしたれんこんで汁にとろみをつけて

材料（大人2人＋子1人）×1食分
- れんこん ……… ½節（150g）
- **A** だし汁 ……… 2と½カップ
  - しょうゆ ……… 小さじ1
  - 塩 ……… 小さじ⅙
- 梅干し ……… 1個

作り方
1. れんこんはすりおろす。
2. 鍋に**A**を沸かして**1**を加え、1〜2分煮る。種をとり、ちぎった梅干しを加えてさっと煮る。

子どもが梅が苦手な場合は、大人分だけ後から加えてもOKです。

調理 10分

もずくとオクラのスープ

夏は冷やして食べてもおいしい！

材料（大人2人＋子1人）×1食分
- オクラ……………4本(40g)
- トマト……………½個(80g)
- もずく……………2パック
- だし汁……………2と¾カップ
- しょうゆ…………大さじ½
- 塩…………………少々

作り方
1. オクラは1cmの輪切り、トマトは一口大に切る。
2. 鍋にだし汁を沸かし、オクラを入れて1分ほど煮る。しんなりしたらもずく、トマトを入れてさっと煮て、しょうゆ、塩で味をととのえる。

調理 10分

厚揚げと水菜のみぞれスープ

食欲がないときもさっぱり食べられる

材料（大人2人＋子1人）×1食分
- 厚揚げ……………⅓枚(66g)
- 水菜………………¼束(50g)
- 大根………………⅛本(150g)
- A 水………………2と¾カップ
   鶏がらスープの素…小さじ1
   しょうゆ…………大さじ½
   塩…………………少々

作り方
1. 厚揚げは一口大に切る。水菜は3cm長さのざく切り、大根はすりおろす。
2. 鍋にAを沸かし、厚揚げ、大根を入れる。フタをし4〜5分煮て、水菜を加えてさっと煮る。

調理 15分

チンゲン菜とにんじんのかきたまスープ

片栗粉と溶き卵でとろ〜り

材料（大人2人＋子1人）×1食分
- チンゲン菜………1株(150g)
- にんじん…………¼本(40g)
- 卵…………………1個
- ごま油……………小さじ1
- A 水………………2と¾カップ
   鶏がらスープの素…小さじ1
   しょうゆ…………大さじ½
   塩…………………少々
- B 片栗粉……………小さじ2
   水…………………小さじ4

作り方
1. チンゲン菜は4cm長さに切り、細切りにする。にんじんは4cm長さの短冊切りにする。卵は溶きほぐす。
2. 鍋にごま油を熱し、チンゲン菜とにんじんを炒める。しんなりしたらAを加えて3〜4分煮る。
3. Bを加えてとろみをつけ、卵をまわし入れてさっと煮る。

調理 15分

チンゲン菜は、細切りにするとかさが減り食べやすくなります。

春雨スープ

材料（大人2人＋子1人）×1食分
- 春雨 …………………… 30g
- ハム …………………… 2枚
- にんじん ……………… ⅙本(30g)
- 万能ねぎ ……………… 3本(15g)
- しめじ ………………… ½袋(50g)
- ごま油 ………………… 小さじ1
- A
  - 水 …………………… 2と¾カップ
  - 鶏がらスープの素 …… 小さじ1
  - 酒 …………………… 大さじ1
  - しょうゆ …………… 大さじ½
  - 塩 …………………… 少々

作り方
1. 春雨は湯で戻し食べやすく切る。ハムは半分に切り、1cm幅に切る。にんじんは4cm長さの短冊切り、万能ねぎは4cm長さに切る。しめじは根元を落としてほぐす。
2. 鍋にごま油を熱し、にんじん、しめじ、ハムを炒める。しんなりしたらAと春雨を加え4〜5分煮て、万能ねぎを加えてさっと煮る。

> ハムの代わりに豚肉やウインナーでもおいしくできます。

調理 15分

つるっとしたのどごしが楽しい！

こんにゃくとまいたけ、ほうれん草のごまスープ

材料（大人2人＋子1人）×1食分
- こんにゃく …………… ⅖枚(80g)
- まいたけ ……………… ½袋(50g)
- ほうれん草 …………… ¼袋(50g)
- ごま油 ………………… 小さじ1
- A
  - だし汁 ……………… 2と¾カップ
  - しょうゆ …………… 大さじ½
  - 塩 …………………… 小さじ⅛
- しょうがすりおろし … ½片分(4g)
- すりごま ……………… 大さじ1

作り方
1. こんにゃくは一口大に切って下ゆでする。まいたけは小房に分ける。ほうれん草はさっとゆでて水にさらし、4cm長さに切る。
2. 鍋にごま油を熱し、こんにゃく、まいたけを炒める。しんなりしたらAとしょうがを加えて2〜3分煮る。ほうれん草を加えてさっと煮て、仕上げにすりごまを加える。

まいたけのうまみたっぷり満腹スープ

調理 15分

豚汁

材料（大人2人＋子1人）×1食分
- 豚切り落とし肉 ……… 100g
- 大根 …………………… ⅒本(120g)
- にんじん ……………… ⅙本(30g)
- ごぼう ………………… ⅓本(60g)
- 油揚げ ………………… ½枚(20g)
- ごま油 ………………… 小さじ1
- だし汁 ………………… 2と¾カップ
- みそ …………………… 大さじ1と½

作り方
1. 豚肉は食べやすく切る。大根、にんじんは5mm厚さのいちょう切り、ごぼうはささがきにして水にさらす。油揚げは横半分に切り、端から1cm幅に切る。
2. 鍋にごま油を熱して大根、にんじん、ごぼうを炒める。油がまわりしんなりしたら豚肉を加えて炒める。色が変わったらだし汁と油揚げを加え7〜8分煮る。野菜がやわらかくなったらみそを溶き入れる。

鍋いっぱい作りたい定番汁物

調理 20分

3歳〜5歳 汁物（冷蔵）

栄養豊富な
かぶの葉も
食べてもらおう

ウインナーとかぶのスープ

材料（大人2人＋子1人）×1食分
- ウインナー……3本
- かぶ……1個（60g）
- かぶの葉……1個分（35g）
- エリンギ……½パック（50g）
- A
  - 水……2と¾カップ
  - 洋風スープの素……小さじ1
  - 塩……小さじ⅛

作り方
1. ウインナーは1cm幅に切る。かぶは1cm角、かぶの葉は1cm幅の小口切りにする。エリンギは4つ割りにして1cm幅に切る。
2. 鍋にAを沸かし1を入れ、5〜6分煮る。

調理 15分

ごはんは
もちろん
パンにもよく合う

鶏団子と大根の オイスタースープ

材料（大人2人＋子1人）×1食分
- A
  - 鶏ひき肉……100g
  - 長ねぎみじん切り……10cm分（20g）
  - 酒……小さじ1
  - 片栗粉……大さじ1
  - 塩……少々
- 大根……½本（100g）
- しいたけ……2枚（20g）
- ごま油……小さじ1
- B
  - 水……2と¾カップ
  - 鶏がらスープの素……小さじ1
  - オイスターソース……小さじ2
  - 塩……少々

作り方
1. ボウルにAを入れてよく練り合わせ、10等分にして丸める。大根は4cm長さの短冊切り、しいたけは5mm厚さに切る。
2. 鍋にごま油を熱し、大根、しいたけを炒める。しんなりしたらBを加え、沸いたらAを加えて7〜8分煮る。

調理 20分

たんぱく質
豊富な
パワー系汁物

シーフードミックスと キャベツのスープ

材料（大人2人＋子1人）×1食分
- キャベツ……1枚（80g）
- にんにく……½片（4g）
- オリーブ油……小さじ1
- シーフードミックス……150g
- A
  - 水……1と½カップ
  - 牛乳……1と¼カップ
  - 洋風スープの素……小さじ1
  - 塩……小さじ⅛
- ミックスビーンズ……1袋（55g）

作り方
1. キャベツは3〜4cm角に切る。にんにくはつぶす。
2. 鍋にオリーブ油とにんにくを入れて弱火で炒める。香りが出たらシーフードミックス、キャベツを加えて炒め、しんなりしたらAを加えて5〜6分煮る。やわらかくなったらミックスビーンズを加えてさっと煮る。

調理 20分

③歳〜⑤歳 汁物

冷凍
日持ち **2** 週間

みそ玉やポタージュは、お湯や牛乳を加える前の「素」の状態で保存すると場所もとりません。鍋で温めて出せば、いつでもできたての味！

みそ玉

材料（大人2人＋子1人）×2食分
- 万能ねぎ……………… 8本（40g）
- 油揚げ………………… ¼枚（10g）
- 乾燥わかめ…………… 小さじ2
- みそ…………………… 大さじ2と⅔
- 和風だしの素………… 小さじ1

作り方
1. 万能ねぎは小口切り、油揚げは横3等分に切り5mm幅に切る。わかめは水につけ戻しておく。
2. すべての材料をよく混ぜて、1人分ずつわけておく。

> 食べるときは冷凍したみそ玉を椀に入れ、湯を注いで混ぜます。子どもにはちょうどよい温度になりますが、大人はぬるく感じるかもしれません。その場合は、あらかじめみそをレンジで軽く温めてから湯を注ぎます。

お湯を注げば即・完成！

調理 5分

白菜とコーンのミルクチーズスープ

材料（大人2人＋子1人）×2食分
- 白菜…………………… 2枚（200g）
- セロリ………………… ⅔本（60g）
- オリーブ油…………… 小さじ2
- A 水………………… 3カップ
  洋風スープの素…… 小さじ2
  塩………………… 少々
- コーン………………… 1缶（65g）
- 牛乳…………………… 2と½カップ
- クリームチーズ……… 120g

作り方
1. 白菜は縦に3等分に切り、1cm幅に切る。セロリは小口切りにする。
2. 鍋にオリーブ油を熱し、1を炒める。しんなりしたらAを加えて7〜8分煮て、コーン、牛乳、クリームチーズを加えて溶かす。

クリームチーズでコクをプラス

調理 30分

ミネストローネ

材料（大人2人＋子1人）×2食分

- ベーコン……………6枚(60g)
- 玉ねぎ………………1個(200g)
- にんじん……………⅔本(100g)
- ズッキーニ…………⅔本(100g)
- にんにく……………2片(16g)
- オリーブ油…………大さじ2
- A
  - トマト缶…………1缶(400g)
  - 水…………………4カップ
  - 洋風スープの素……小さじ1と½
  - ローリエ…………2枚
- 塩……………………小さじ⅔

作り方

1. ベーコンは1cm幅に切る。玉ねぎ、にんじん、ズッキーニは1cm角に切る。にんにくはつぶす。
2. 鍋にオリーブ油を熱し、1を炒める。しんなりしたらAを加え、フタをして15分ほど煮る。

トマトが旬の時季なら、生のトマトを使うとフレッシュな味になります。

調理 30分

ブロッコリーポタージュ

材料（大人2人＋子1人）×2食分

- ブロッコリー………小2個(300g)
- 玉ねぎ………………1個(200g)
- バター………………20g
- A
  - 水…………………3カップ
  - 洋風スープの素……小さじ1
- 牛乳…………………2カップ
- 塩……………………小さじ½

作り方

1. ブロッコリーは小房に分ける。玉ねぎは薄切りにする。
2. 鍋にバターを熱し、玉ねぎを炒める。しんなりしたらブロッコリーを加えてさっと炒め、Aを加える。フタをして10分ほど蒸し煮にし、やわらかくなったらミキサーなどでなめらかなペーストにする。
3. 鍋に2と牛乳、塩を入れて温める。

2の素の状態で冷凍してもOK。食べるときに牛乳と塩を加えて温めます。

調理 25分

かぼちゃのカレーポタージュ

材料（大人2人＋子1人）×2食分

- かぼちゃ……………⅓個(400g)
- 玉ねぎ………………⅔個(130g)
- オリーブ油…………小さじ2
- カレー粉……………小さじ½
- 水、牛乳……………各2カップ
- 塩……………………小さじ½

作り方

1. かぼちゃは皮とタネを取り除いて薄切り、玉ねぎは薄切りにする。
2. 鍋にオリーブ油を熱し、1を炒める。しんなりしたらカレー粉を加えて炒め、香りが出たら水を加えてフタをし、10分ほど蒸し煮にする。やわらかくなったらミキサーなどでなめらかなペーストにする。
3. 鍋に2と牛乳、塩を入れて温める。

2の素の状態で冷凍してもOK。食べるときに牛乳と塩を加えて温めます。

調理 25分

> またこれ？と言わせない！

アレンジアイデア

作りやすい料理や子どもがお気に入りの料理は、ついつい何度も作ってしまいがち。つくりおきで同じ料理が続くときにも使える、アレンジ方法をご紹介します。

めん料理にする

スープやソースが多めの料理は、めんにからめることができます。洋風の味つけは、パスタめんとの相性抜群！

向いている料理

ミネストローネ（P.119）、ミートボールとキャベツのスープ煮（P.35）、厚揚げとほうれん草のミートソース煮（P.38）、鶏肉と白菜のコーンクリーム煮（P.42）、ソーセージとかぶのポトフ（P.80）など。

たとえば、**ミネストローネ**の場合

材料（子1人）
- ミネストローネ(P.119) ……… 子ども1人分
- スパゲティ ……………………… 40g
- 塩 ………………………………… 少々

作り方
1. 塩を加えたお湯で、スパゲティを表示通りにゆでる。
2. 鍋にミネストローネを入れて温め、**1**を加えて2〜3分煮る。
3. 味をみて塩でととのえる。

卵とじにする

衣がある料理やだしがきいている料理は、卵となじみやすいのでおすすめです。やさしい味つけで、食欲がアップすること間違いなし。

向いている料理

鶏肉の唐揚げ（P.93）、さばのカレー竜田揚げ（P.91）、鮭の焼き浸し（P.30）、きのこの肉豆腐（P.34）など。

たとえば、**鶏肉の唐揚げ**の場合

材料（子1人）
- 鶏肉の唐揚げ(P.93) ……… 子ども1人分
- A だし汁 …………………… ½カップ
  しょうゆ、みりん ………… 各小さじ1
- 卵 …………………………… ½個

作り方
1. 唐揚げは食べやすい大きさに切る。
2. 鍋に**A**を合わせて煮立たせ、**1**を入れてさっと煮る。溶いた卵をまわし入れて、フタをして1分ほど煮る。

混ぜごはんにする

しっかりとした濃いめの味つけの料理は、刻んでごはんに混ぜてもおいしい。おにぎりにしても、子どもが喜びます。

（向いている料理）

ささみとアスパラのオイスター炒め（P.39）、いわしの中華風照り焼き（P.91）、豚肉とブロッコリーのおかか炒め（P.32）、鶏むね肉の甘酢和え（P.31）など。

たとえば、ささみとアスパラのオイスター炒めの場合

材料（子1人）
ささみとアスパラのオイスター炒め（P.39） ……… 子ども1人分
ごはん ……… 100g
しょうゆ ……… 小さじ1/4

作り方
1 ささみとアスパラのオイスター炒めは細かく刻む。
2 1をごはんに混ぜる。しょうゆを加えて混ぜ、味をととのえる。

餃子の皮で包む

ほくほくとしたいも類を使った料理や、汁気の少ない料理は、餃子の具材に向いています。カリッと焼けば、おいしさアップ！

（向いている料理）

かぼちゃの塩バター煮（P.58）、肉じゃが（P.33）、さつまいものきんぴら（P.48）、かぼちゃのミルク煮（P.55）、ブロッコリーとコーンのポテトサラダ（P.99）など。

たとえば、かぼちゃの塩バター煮の場合

材料（子1人）
かぼちゃの塩バター煮（P.58）… 子ども1人分
餃子の皮 ……… 2枚

作り方
1 かぼちゃの塩バター煮はざっくりとつぶす。
2 餃子の皮で包み、トースターで焼き目がつくまで焼く。

チーズ味にする

チーズをパラリとかけて焼くだけで、子どもが大好きな味に早変わり。洋風の味つけや、和風の甘辛味はチーズとマッチします。

（向いている料理）

鮭とじゃがいもの塩煮（P.81）、豚肉となすのみそ炒め（P.33）、肉じゃが（P.33）、牛肉とほうれん草の甘辛炒め（P.83）など。

たとえば、鮭とじゃがいもの塩煮の場合

材料（子1人）
鮭とじゃがいもの塩煮（P.81）… 子ども1人分
ピザ用チーズ ……… 5g

作り方
1 鮭とじゃがいもを軽くつぶして耐熱皿に入れ、チーズをかけてトースターで3〜4分焼く。

ひき肉に混ぜる

ひき肉はなんにでも合う万能選手です。下味がしっかりついている料理だと、味つけはととのえるだけでOKなので手間いらず。

向いている料理

きのこのさっと煮（P.58）、小松菜のおかか和え（P.105）、にんじんと桜えびのおかか炒め（P.56）など。

たとえば、**きのこのさっと煮**の場合

材料（子1人）
- A きのこのさっと煮（P.58）……子ども1人分
  - 鶏ひき肉……………………………30g
  - 片栗粉、酒………………………各小さじ¼
  - 塩……………………………………少々
- サラダ油……………………………小さじ1

作り方
1. ボウルにAを入れてよく練り混ぜ、小判形に成型する。
2. フライパンにサラダ油を熱し、1を焼く。焼き色がついたら裏返し、フタをして2〜3分蒸し焼きにする。

カレー味にする

子どもが食べてくれなかった料理でも、魔法の粉「カレー粉」をふりかけるだけでペロリと食べてくれることが…。お試しあれ！

向いている料理

鮭のトマト煮（P.40）、ポークジンジャー（P.96）、ミートボールとキャベツのスープ煮（P.35）など。

たとえば、**鮭のトマト煮**の場合

材料（子1人）
- 鮭のトマト煮（P.40）………子ども1人分
- カレー粉……………………………少々

作り方
1. 鮭のトマト煮にカレー粉を加えて温める。

スープにする

コーンクリーム味やクリーム味、トマト味などのソースがからめてある料理は、牛乳でのばすだけで、スープになります。

向いている料理

鶏肉と白菜のコーンクリーム煮（P.42）、鶏つくねとチンゲン菜のクリーム煮（P.46）、鮭のトマト煮（P.40）など。

たとえば、**鶏肉と白菜のコーンクリーム煮**の場合

材料（子1人）
- 鶏肉と白菜のコーンクリーム煮（P.42）
  ………………………………子ども1人分
- 牛乳………………………………大さじ2
- 塩……………………………………少々

作り方
1. すべての材料を鍋に入れて温める。

揚げないコロッケ風

魚や肉がメインで、味がしっかりしている料理のアレンジに。丸めて、衣をつけて、揚げてという手間が省けるらくちんコロッケ風。

(向いている料理)

鮭の焼き浸し（P.30）、ポークジンジャー（P.96）、メカジキのごまみそ焼き（P.96）、さばのみそ煮（P.41）など。

たとえば、**鮭の焼き浸し** の場合

材料（子1人）
鮭の焼き浸し（P.30）……………子ども1人分
じゃがいも………………………… ¼個（40g）
パン粉……………………………………小さじ1
塩…………………………………………………少々

作り方
1. 鮭の焼き浸しは食べやすい大きさに切る。
2. じゃがいもは一口大に切って水にさらす。ラップをかけてレンジで1分ほど加熱し、粗くつぶす。
3. **1**と**2**、塩を混ぜて耐熱皿に入れる。パン粉をふってトースターで3〜4分焼く。

マヨネーズで和える

シンプルな味つけの料理には、マヨネーズをプラス。ちょっとかけてあげるだけで喜びます。

(向いている料理)

メカジキとキャベツののり塩バター炒め（P.30）、鶏もも肉のねぎ塩炒め（P.36）、蒸し鶏とキャベツのレモンしょうゆ和え（P.86）など。

たとえば、**メカジキとキャベツののり塩バター炒め** の場合

材料（子1人）
メカジキとキャベツののり塩バター炒め
（P.30）………………………子ども1人分
マヨネーズ……………………………小さじ⅓

作り方
1. メカジキとキャベツののり塩バター炒めを温め、マヨネーズを加えて和える。

トマト味にする

シンプルな味つけのスープにトマト味を加えると、味がガラッと変わって2度楽しめます。

(向いている料理)

ミートボールとキャベツのスープ煮（P.35）、ソーセージとかぶのポトフ（P.80）、アスパラと玉ねぎ、にんじんのスープ（P.67）、シーフードミックスとキャベツのスープ（P.117）など。

たとえば、**ミートボールとキャベツのスープ煮** の場合

材料（子1人）
ミートボールとキャベツのスープ煮（P.35）
………………………………………子ども1人分
A トマト缶………………………………大さじ2
　　ケチャップ………………………………小さじ1

作り方
1. ミートボールとキャベツのスープ煮を鍋に入れて温める。
2. **1**に**A**を加えて2〜3分煮る。

> もうひと味ほしいときの

大人のための味変たれ

子どもの味覚に合わせた薄味もおいしいけど、たまにはもう少し刺激がほしい！という大人のための、ちょっと合わせたらグッとおいしいたれレシピです。

ゆずアボカドだれ

材料
- アボカド……… 1/2個（70g）
- A
  - オリーブ油…… 小さじ1
  - ゆずこしょう…… 小さじ1/3
  - 塩……………… 少々

作り方
1. アボカドは皮とタネを取り除き、ボウルに入れてフォークなどでなめらかにつぶす。
2. 1にAを加えて和える。

たれに合う料理例
鶏肉のレモンマリネソテー（P.94）、鮭バーグ（P.47）、鶏むね肉の甘酢和え（P.31）、鶏肉とパプリカのオムレツ（P.84）、蒸し鶏とキャベツのレモンしょうゆ和え（P.86）など。そのほか、バゲットやクラッカーなどのディップ、冷製パスタにも。

アボカドのマイルドな味。さっぱりした味つけのものや酸味のあるものにおすすめ。

ゆずこしょうとアボカドのクリーミーさが合う！

ハニーマヨマスタードソース

材料
- マヨネーズ……… 大さじ2
- 粒マスタード……… 小さじ1
- はちみつ………… 小さじ1/2
- にんにくすりおろし…… 少々

作り方
1. ボウルにすべての材料を合わせてよく混ぜる。

生野菜スティックにつけてもおいしい

ピリ辛みそだれ

材料
- みそ……………… 大さじ2
- 砂糖……………… 大さじ1
- 水………………… 小さじ1
- ごま油…………… 小さじ1/2
- 豆板醤…………… 小さじ1/4
- しょうがすりおろし
  ………………… 小さじ1/2
- にんにくすりおろし…… 少々

作り方
1. ボウルにすべての材料を合わせてよく混ぜる。

ピリッと辛いみそ味。和風やみそを使った料理に。

たれに合う料理例
豆腐ハンバーグ（P.86）、お好み焼きバーグ（P.97）、なすのはさみ焼き（P.86）、メカジキとキャベツののり塩バター炒め（P.30）、春雨のねぎみそ炒め（P.35）、えのきのみそつくね（P.43）など。

ニラしょうゆ

材料
- ニラ………………… 1/5束（20g）
- A
  - しょうゆ………… 大さじ2
  - ごま油…………… 大さじ1
  - すりごま………… 小さじ1

作り方
1. ニラは5mm幅にきざみ、ラップをかけてレンジで20〜30秒加熱する。
2. 1にAを加えてさっと混ぜる。

たれに合う料理例
餃子（P.97）、鶏肉の唐揚げ（P.93）、鮭の焼き浸し（P.30）、メカジキの中華マリネ（P.31）、カツオの磯辺焼き（P.41）、シュウマイ（P.43）、豚肉とねぎの卵チャーハン（P.63）など。

ニラの味がアクセント。中華系の料理におすすめ。

ニラの香りがきいた韓国風だれ

チリトマトソース

生トマトにタバスコがピリリ

材料
- トマト ……… ½個(100g)
- ケチャップ ……… 大さじ4
- にんにくすりおろし …… 少々
- タバスコ ……… 少々

作り方
1. トマトは1cm角に切る。
2. ボウルにすべての材料を合わせてよく混ぜる。

ケチャップ+生トマトでさっぱりと。洋風のもの、揚げものにぴったり。

たれに合う料理例
ピザトースト(P.110)、鮭のアーモンドフライ(P.90)、豚肉のれんこん巻きピカタ(P.93)、鶏むね肉のチーズフライ(P.41)、鶏肉とにんじんの炊き込みチキンライス(P.62)など。

クリーミーチーズソース

トマト料理におすすめ！まろやかさがプラス

材料
- クリームチーズ ……… 40g
- 牛乳 ……… 大さじ½
- パセリみじん切り … 小さじ1
- にんにくすりおろし、塩
  ……… 少々

作り方
1. クリームチーズは常温に戻してやわらかくする。
2. ボウルにすべての材料を合わせてよく混ぜる。

たれに合う料理例
トマトソースペンネ(P.111)、煮込みハンバーグ(P.44)、ミートボールとキャベツのスープ煮(P.35)、ソーセージとかぶのポトフ(P.80)、里いもと豚肉の和風グラタン(P.96)、かぼちゃといんげんのロールチキン(P.97)、ピラフ(P.112)、ミートソース(P.111)など。

洋風のものやトマト料理と相性抜群。牛乳の量はチーズのかたさによって調整を。

ねぎ塩レモンだれ

焼肉にも合うさっぱり味

材料
- ねぎみじん切り … ⅓本(30g)
- オリーブ油、レモン汁
  ……… 各小さじ4
- 洋風スープの素 … 小さじ⅛
- 塩、黒こしょう ……… 適量

作り方
1. ボウルにすべての材料を合わせてよく混ぜる。

たれに合う料理例
手羽元と大根のさっぱり煮(P.82)、桜えびともやしの焼きそば(P.62)、豚肉とブロッコリーのおかか炒め(P.32)、さばのカレー竜田揚げ(P.91)、鶏肉のレモンマリネソテー(P.94)など。

さっぱりしたもの、ソテーなど味つけがシンプルなものに。

梅豆腐ソース

肉、魚料理にかけても漬け込んでも！

材料
- 絹ごし豆腐 ……… ⅓丁(100g)
- しそ ……… 2枚
- 梅肉 ……… 小さじ2
- 塩 ……… 少々

作り方
1. 豆腐は軽くキッチンペーパーで水気をふき取り、ボウルに入れて泡立て器で混ぜる。しそは粗みじん切りにする。
2. 豆腐がなめらかになったらしそ、梅肉、塩を加えて混ぜる。

なめらかな豆腐がのどごしのいい和風味

たれに合う料理例
ささみのごまマヨ焼き(P.46)、豚肉の野菜巻きとんかつ(P.43)、ささみのごまから揚げ(P.42)、鶏むね肉と小松菜のとろみ煮(P.36)、ぶりと大根の塩煮(P.36)、鮭の和風ピカタ(P.45)、豚肉と小松菜のポン酢しょうゆ和え(P.82)など。

和風や揚げものに合わせてさっぱりと。木綿豆腐にするとぼってり濃厚ソースに。

たれに合う料理例
鶏肉とパプリカのオムレツ(P.84)、チキンナゲット(P.44)、鮭とじゃがいもの塩煮(P.81)、メカジキとかぼちゃのカレーチーズ炒め(P.81)など。

はちみつをもう少し増やして甘めにしてもGOOD！洋風料理に合わせて。

3歳になり、乳歯がほぼ生えそろうと、よく噛んで食べることができるようになってきます。少しずつ、食事のマナーも教えていきましょう。

> 3歳〜5歳

幼児食の「困った!」を解決Q&A

Q おはしの練習を はじめる時期の目安を 教えてください。

A 3歳をすぎたらじょじょに教えていきましょう。目安としては、スプーンやフォークを上や下からギュッと握りしめるのではなく、**鉛筆のように持てるようになったら、おはしの練習をスタート** します。いきなり正しい持ち方では持てませんので、少しずつ修正していきましょう。4歳ごろになれば、おはしの使い方が上手になってきます。

Q 下の子と上の子が いる場合、どちらの状況に 合わせた料理を作れば いいのでしょうか。

A **食材の大きさは上の子に合わせ、味つけは下の子に合わせます**。料理が出来上がってから、下の子の分をとり分ける際に、包丁やキッチンばさみで細かく切ってあげるとよいでしょう。上の子が味が薄くて物足りないようすなら、とりわけ後に少し味を足してあげるのが簡単だと思います。

Q ごはんを食べているときにどうしても テレビを見たがります。 一緒にお話をしていれば、 見させても大丈夫でしょうか。

A テレビをつけてしまうとそっちに気が向いてしまい、つい手も止まりがちに。なかなか食事に集中できませんし、しっかり味わって食べることもできませんね。**食事の間はテレビはやめて**、よく噛み、よく味わい、家族で話をしながら食べる習慣をつけたいものです。

Q 大人と同じものを 食べさせてよい時期の目安を 教えてください。

A 3〜4歳になると乳歯も生えそろい、ほぼ大人と同じものが食べられるようになります。ただ、まだ咀しゃく力は大人よりも弱いので、食材のかたさや大きさは子どもに合わせる必要があります。また、子どもの内臓は6〜7歳ごろまでは未熟で、塩分の強いものや辛いものは内臓に負担をかけてしまいます。ですから、味つけの濃いものはまだまだNG。食材の大きさや味つけの濃さに気を使わず **大人と同じものを食べさせてよいのは、小学生以降が目安** と考えるとよいでしょう。

Q 食事中に
牛乳やジュースをほしがり、
お茶を飲みません。
お茶を飲ませる方法は？

A ジュースや牛乳の味を知ってしまうと、なかなかお茶やお水を飲まなくなってしまうことがあります。ただ、糖分や脂肪の過剰摂取も気になるので、**なるべく食事中はお茶やお水を飲ませたいもの**です。ジュース類を冷蔵庫に常備するのをやめ、「もうおうちにないんだよ」と冷蔵庫のなかを確認させるのもひとつの手です。お茶をコップについでストローをさしてあげたり、水筒で出してみたりと、子どもが興味を引かれるような工夫をしてみましょう。

Q 食事の時間が
1時間くらいかかることが
あります。長くなりすぎたら、
食事の途中でも
やめさせてもよいのでしょうか。

A 食事の時間が長くなると集中力もなくなります。**30分くらいを目安に声がけを**し、だらだらと遊び食べのようにならないようにしましょう。また、テレビを見ながらの食事や、遊んでいたおもちゃが目に入るような環境だと、なかなか食が進まず、時間がかかってしまう傾向にあります。食事の時間はテレビを消したり、遊んでいたおもちゃは片づけてから食事にするようにしましょう。

Q お菓子など
甘いものばかりほしがります。
あげてよいのでしょうか？

A 幼児期はまだ胃が小さく、消化機能も未熟です。3度の食事だけで1日に必要なカロリーをとることは難しいので、**おやつは食事の一部と考え**、とり入れましょう。おやつといっても、市販の甘いお菓子はたまのお楽しみにとどめたいもの。甘いお菓子ばかり食べると虫歯にもなりやすいうえ、満腹になってごはんが食べられなくなります。できればおにぎりやめん類、さつまいもなどの炭水化物を食べさせるのが理想ですが、ときにはホットケーキやクッキーなどでもOKです。目安は1回分、160kcalくらい。おやつの時間は午後3時ごろに1回、食事時間の2〜3時間前までに食べ終わりましょう。

Q なかなか家族みんな
一緒に食事をとる時間
がもてません。
夜遅くまで待たせても
いいのでしょうか。

A 家族みんなで食卓を囲み、和気あいあいと話しながら食事をする楽しさを知ることは大切なことです。食事は毎日のことで、一生のこと。食事の楽しさを知っている子は、それだけ豊かな一生を過ごすことができます。とはいえ、家族全員で食べることにこだわるあまり、**食事時間が夜遅くになってしまうのはおすすめできません**。就寝時間が遅くなるうえ、消化には時間がかかるので胃腸に負担がかかります。お父さんやお母さんの帰りが遅ければ、早く食べられる家族だけで食べてしまい、そのぶん休日はみんなで食卓を囲むようにしてはいかがでしょう。

新谷友里江（にいやゆりえ）
料理家／管理栄養士

料理家・祐成二葉氏のアシスタント、祐成陽子クッキングアートセミナー講師を経て独立。料理雑誌やファッション誌などでメニュー提案、スタイリングを行う。2児の母でもあり、自身の育児経験から、離乳食・幼児食のメニュー開発と提案に力を入れている。近著に『やせるマグごはん』（宝島社）、『元気に赤ちゃんが育つ妊婦ごはん』『いちばんハッピーな幼児食BOOK』（ともに成美堂出版）などがある。

STAFF

デザイン	細山田光宣 + 室田潤 （細山田デザイン事務所）
撮影	寺岡みゆき
スタイリング	深川あさり
イラスト	くぼあやこ
DTP	システムタンク
原稿協力	兼子梨花
校正	鈴木初江
モデル	あまねちゃん、央太郎くん、葵子ちゃん
編集協力	後藤加奈 （ロビタ社）

まとめて作ってすぐラクごはん♪
つくりおき幼児食 1歳半〜5歳

著者	新谷友里江
発行者	若松和紀
発行所	株式会社 西東社 〒113-0034　東京都文京区湯島2-3-13 https://www.seitosha.co.jp/ 電話　03-5800-3120（代）

※本書に記載のない内容のご質問や著者等の連絡先につきましては、お答えできかねます。

落丁・乱丁本は、小社「営業」宛にご送付ください。送料小社負担にてお取り替えいたします。
本書の内容の一部あるいは全部を無断で複製（コピー・データファイル化すること）、転載（ウェブサイト・ブログ等の電子メディアも含む）することは、法律で認められた場合を除き、著作者及び出版社の権利を侵害することになります。代行業者等の第三者に依頼して本書を電子データ化することも認められておりません。

ISBN 978-4-7916-2822-3